Se réconcilier avec soi

DE LA MÊME AUTEURE

L'Amour dans le sang, Cherche midi, 2005.

De cœur inconnu, Cherche midi, 2011.

N'oublie pas de m'aimer, Cherche midi, 2012.

Vers le 8e ciel, XO, 2014.

Bombay mon amour, Cherche midi, 2016.

Chaque jour, j'écoute battre mon cœur, Cherche midi, 2018.

Charlotte Valandrey
avec Céline Langlais

Se réconcilier avec soi

Robert Laffont

ISBN : 978-2-221-25910-8
Dépôt légal : avril 2022
Éditions Robert Laffont – 92, avenue de France 75013 Paris

À Tara, ma fille dont je suis très fière,
devenue une belle jeune femme, intelligente,
autonome et raisonnée, malgré la maman
pas assez présente que j'ai été…
À toutes celles et ceux qui ont parfois un peu,
beaucoup perdu espoir et qui cependant ont gardé
au fond de leur cœur la certitude
que demain sera meilleur…

Avant-propos

Le mot de mon avant-propos : espoir.

Le mot de ma conclusion : acceptation.

Entre les deux, toutes mes oscillations, des hauts et des bas, qui ont été parfois très hauts, et trop souvent, des bas trop bas. Comme pour beaucoup d'entre nous, le premier confinement est venu me bousculer. Moi qui étais tout juste apaisée grâce à la pratique de la natation plus que régulière, j'ai alors perdu de nouveau mes repères. C'est une nouvelle routine qui m'a permis de tenir dans cette parenthèse qui devait durer deux mois et demi, confinée au Val-André, et qui s'est prolongée d'une année, car j'avais choisi, en quittant Paris, de ne revenir que lorsque tout serait fini. C'était loin d'être facile, de nouveau le très bas s'est fait sentir. Je me suis instinctivement ancrée grâce à des rituels quotidiens bienfaisants, j'ai revisité mes doutes et mes peurs chemin faisant. *In fine*, je me suis approprié – ou presque – une vie harmonieuse.

L'envie de partager mon évolution comme un chemin possible, accessible à tous, est le fil conducteur de ce livre. Moi qui ai tant de fois perdu espoir, sans le montrer ni oser le dire jusqu'à présent, il m'a semblé que le moment était venu de me révéler plus intimement, et d'évoquer en transparence mes fragilités, ma vulnérabilité. Il m'aura fallu accepter l'aide de thérapeutes. Me connaissant mieux au fil des années, j'ai compris que, seule, il me faudrait beaucoup de temps pour apaiser mes blessures, alors qu'accompagnée, je me relèverais plus vite. Lorsqu'il m'arrive encore de me sentir glisser vers le bas, je sais maintenant demander un rendez-vous chez un praticien ou un spécialiste pour prendre soin de moi et recevoir l'aide adéquate qui réinsufflera une dynamique vertueuse à ma vie.

Ainsi, j'ai eu envie de partager ce chemin, celui de prendre soin de mon corps mais aussi de mon âme, en osant ressentir plus vivement mes émotions, suivre les conseils des thérapeutes que j'ai croisés et qui m'ont transmis une aide précieuse ; à mon tour, je transmets, plus encore que de l'espoir, des pistes à explorer pour cheminer plus paisiblement, je transmets mon expérience qui, je le souhaite, donnera la patience à ceux qui traversent des périodes de doute profond, et surtout l'élan, pour, de nouveau, aller de l'avant.

Printemps 2020

Mi-mars 2020, veille du premier jour du confinement, stupeur générale.

Réaction instantanée de mon père, du haut de ses quatre-vingt-cinq printemps : il me passe un rapide coup de fil pour me prévenir qu'il prend la route depuis le Val-André en Bretagne et vient nous chercher, ma fille et moi, pour nous ramener au calme, entre mer et campagne, à l'abri, dans la baie de Saint-Brieuc. Sa détermination, son intuition, sa sagesse et son courage : j'ai beaucoup d'admiration pour mon père, qui a su sentir l'enjeu du contexte sanitaire, ses répercussions anxiogènes sur notre vie parisienne pour les semaines – les mois ! – à venir, et donc son impact sur notre quotidien à toutes deux, privées d'air libre, confinées en appartement.

Le sentiment d'urgence s'empare de moi avec ce rapide coup de fil : il me faut faire mes bagages, aider ma fille à préparer ses affaires, mais dans ma tête s'entrechoquent trop de questions : de quelles affaires avons-nous besoin ? pour combien de temps ? La confusion règne, plus que l'émotion, s'ajoutant au stress intérieur de devoir préparer ce départ en catastrophe, tout en sachant mon père déjà sur la route : c'était non négociable, sa décision était prise et les actions à mener, déjà enclenchées. Il ne m'est d'ailleurs pas venu à l'idée de discuter son idée, le choix était posé par ce père protecteur dont je crains parfois l'autorité comme si j'étais encore une petite fille.

Je me presse donc d'organiser ce départ, je perds la notion du temps, et très vite mon attention se porte sur le vivant plus que sur les effets matériels : ma nervosité à calmer, ma fille à motiver, et mes chats à attraper pour les faire entrer dans leur panier de voyage. Avec le recul, la scène a quelque chose de comique : me voilà à obturer stratégiquement les cachettes habituelles de ma chatte pour la capturer contre son gré, sans qu'elle ne ressente l'anxiété du moment. Si elle s'était réfugiée derrière la baignoire, je n'aurais plus pu l'attraper ; or, les aiguilles tournaient, la course contre la montre était lancée, le compte à rebours s'égrenait comme un roulement de tambour dans mon cœur. Je savais que mon père serait à l'heure et qu'il n'attendrait pas plus d'un quart d'heure en bas de l'immeuble. Il avait décidé de nous « capturer » pour nous sauver, et je faisais de même avec mes chats. C'était une bonne décision, une bonne action.

Merci à toi, mon papa, pour ta bienveillance et ta réactivité ! Tu n'as pas hésité à rouler cinq heures seul à l'aller avec une petite pause d'une demi-heure le temps de charger nos bagages, et cinq heures, volant partagé, au retour pour venir nous pêcher dans notre bocal parisien. Dans cet exode entre Paris et le Val-André, en quelques heures de voiture, plutôt sonnée par la vitesse des événements, je n'ai pas pris conscience que j'acceptais de me retirer de l'agitation urbaine, du tumulte parisien, et dans le même temps, que je me rapprochais de la nature, du calme. Comme une déferlante qui m'a déposée sur le rivage du Val-André, ce saut de puce a été comme un bond en avant dans mon cheminement, encore assez lent, vers la guérison, le mieux-être, et dans l'idéal, la sérénité. Il m'a enfin permis de prendre le temps de me reposer vraiment, de me ressourcer, de me reconnecter, et *in fine* de me réconcilier avec moi-même, au gré du flux et du reflux des vagues émotionnelles venues me visiter tout au long des mois qui ont suivi.

Arrivée en Bretagne en ce début de printemps, je me sentais un peu comme une naufragée, échouée après la tempête qui avait sévi l'hiver précédent et les années passées ; j'étais une rescapée à la fois heureuse de se sentir sauvée et encore effrayée à l'idée d'une tourmente susceptible de vous ôter la vie.

Les tempêtes de ma vie

Des tempêtes, j'en ai vécu plusieurs. Certaines avec des creux de vagues, qui m'ont précipitée tout en bas, si bien que parfois j'ai douté de pouvoir en remonter ; ces moments-là, je les appelle mes *down*. Certains d'entre eux ont duré jusqu'à plusieurs années après ma greffe du cœur. Il m'a fallu longtemps, très longtemps, comme une éternité, pour me relever, comme un film au ralenti dont on ne verrait jamais la joyeuse fin, faute de temps et d'énergie.

Une petite tempête dans mon cœur : en apparence, une annonce anodine, mais dans mon cœur une rupture amoureuse, un désaveu, une difficulté à accepter la réalité plus qu'un vrai chagrin d'amour, me semble-t-il, le sentiment d'être rejetée lorsque ce garçon que j'aimais beaucoup m'a dit un jour qu'il retournait avec son ex-petite amie. Je n'étais pas choisie, il me fallait l'accepter. Un vrai défi. Et pour me consoler, j'ai choisi Fripouille, un petit chat, à la SPA. Il m'a alors accompagnée partout sur mon vélo à travers Paris, chaque soir, jusqu'au théâtre Antoine lorsque je jouais dans *Les Mains sales* de Sartre, en 1998.

Plus qu'une tempête, c'est une déferlante qui a emporté mon cœur, au sens littéral, puisque la greffe cardiaque est devenue indispensable en 2003, ce 4 novembre, en urgence, car je n'avais plus que 10 % de capacité cardiaque. Les médicaments antiviraux ont permis de préserver ma vie, mais non sans effets secondaires sur mon cœur qui s'est affaibli puis endormi. Dans ce contexte d'urgence, et au bord de la rupture, ma chance aura été de recevoir un greffon, un cœur disponible pour remplacer le mien. La greffe a été un geste médical salvateur, physiquement très éprouvant et émotionnellement très bousculant, presque dévastateur. Le séjour en rééducation qui devait durer six semaines a été écourté à dix jours, car je n'arrivais pas à supporter l'atmosphère de ce lieu que je trouvais ô combien sordide pour la jeune femme de trente ans que j'étais. Je n'arrivais plus à manger ni à boire, et mon père était venu me rejoindre depuis Montpellier pour tenter de me réconforter, me rassurer et me redonner le goût, sinon de la vie, au moins de quelques boissons à siroter à la paille. Malgré ses efforts, je restais incapable d'avaler ce médicament antirejet qui empestait le foie de morue ! Les médecins lui ont alors dit : « Si elle ne se reprend pas, c'est fini… » Et, prise de conscience soudaine, je me suis fait une raison le lendemain, commençant à prendre les compléments protéinés vanillés grâce auxquels je me suis réalimentée petit à petit. Mon choix était fait : j'allais sortir de ce lieu et me reconstruire au mieux.

Tempête déchaînée, un véritable tsunami dans ma vie : la séparation avec mon ex-mari – cinq mois après ma greffe – et les dix années qui ont suivi. Cette épreuve a fait table rase de tout ce que j'avais construit : vie de famille, carrière, et confiance en moi. De cette période, je garde l'impression d'un *no man's land*, plus âme qui vive en moi, hébétée, déroutée, attristée par ses remarques désobligeantes, pour ne pas dire dégradantes, sur ma façon d'être mère, ou plus exactement d'être une « mauvaise mère ». Alors j'ai pleuré, beaucoup, seule, le soir sur mon canapé, pour éviter que ma fille ne me voie dans cet état, car je voulais la préserver de mon désarroi. J'ai appelé mon père, souvent, pour lui raconter et me sentir réconfortée quand il me disait de ne pas écouter ces reproches. Alors j'ai songé, intensément, à en finir, à me laisser sombrer ; un *down* d'une profondeur abyssale, dont je suis revenue très lentement, je ne sais pas trop comment. Grâce au soutien indéfectible de quelque trois amies à Paris, grâce à la présence de ma fille, pour qui j'ai toujours souhaité le meilleur… même si je n'ai pas toujours été une maman modèle.

Des doutes

La peur de la mort me hante, alors pourquoi ne pas lui donner rendez-vous, m'en approcher tout près et la convoquer ? Ainsi, j'aurais un peu raison, j'aurais la sensation de maîtriser mon destin plutôt que celle d'être prise au dépourvu un certain jour. Mais tout ça n'est qu'illusion, je le sais bien. Et puis, la magie de demeurer dans la nature me ramène à la vie, à *ma* vie. Majestueux vol d'un couple de canards aux plumes irisées dans la lumière matinale ; dans leur envol, ils me montrent le chemin et m'extirpent de ma torpeur des profondeurs. La nature a toujours été mon amie, mon alliée, ici, sur les terres de mon enfance costarmoricaine qui ont bercé mes plus grandes peines, et accueilli mes plus grandes joies.

La nature m'a toujours montré le chemin, et aujourd'hui encore, je ressens profondément la pulsion de vie qui sous-tend toute la création. Au plus profond de l'hiver, lorsque le climat est hostile, la petite graine n'attend-elle pas, recluse sur elle-même, confinée dans l'antre du sol, patiemment, sagement, des jours meilleurs ? Et la promesse est toujours exaucée ; depuis la nuit des temps, les jours meilleurs se présentent et succèdent aux jours et aux heures les plus sombres, la lumière réapparaît, et la petite graine perce nouvellement la terre de toute sa force innée, pour laisser libre cours à l'éclosion de ses belles couleurs. Je me sens un peu comme cette ourse laissée groggy par l'hiver, résignée à hiberner, ne sachant si elle va se réveiller. Ne suis-je pas, moi, humaine, comme ces animaux qui suivent la loi irrépressible du cycle de la nature, des saisons, qui s'endorment au creux des mortes-saisons pour revenir à la vie, un peu comme une résurrection à la saison prochaine ?

Merveilleux printemps ! Pourquoi n'ai-je pas pleinement confiance dans la vie ? Car je ressens ma part animale, petite oursonne. Je sais au fond de moi que tout est là, que je dois m'endormir pour pouvoir me réveiller, que je dois me reposer pour être active, que je suis force et fragilité tout à la fois, tour à tour. « Confiance et acceptation » : peut-être sont-ce ces deux mots qui résonnent et résument mon chemin de vie ?

Que je pleure toutes les larmes de mon corps

J'ai beau implorer l'univers encore et encore, par mes prières et mes mantras, le résultat est le même : mon téléphone, ou celui de mon agent, sonne de moins en moins souvent ces derniers temps. Alors, considérant que j'ai fait tout ce que je pouvais de mieux, tout ce qui relevait de mon possible, j'accepte, et je vais m'en remettre à ce qui s'accomplira pour moi. Est-ce un simple creux dans ma carrière professionnelle, ou est-ce le signe d'un grand changement à venir dans ma vie d'actrice ? Dois-je accepter le fait que j'ai tourné plus de films par le passé que je n'en tournerai désormais ? Dois-je persévérer et garder confiance pour surfer sur la prochaine vague cinématographique de ma carrière ? Ou dois-je reconsidérer mon orientation professionnelle en envisageant davantage de théâtre, faute de films ou de séries ? Irai-je jusqu'à choisir un nouveau métier, une reconversion, comme on dit maintenant ?

Ces derniers mois, j'ai l'impression d'avoir remué ciel et terre pour proposer mes services d'actrice, d'artiste, pour trouver ma nouvelle place, me sentir utile à une cause juste. L'attente est trop longue. Je me sens à la fois prête à m'engager dans des projets, et envahie d'un doute qui m'immobilise et me paralyse. Jouer, c'est ce que j'aime faire depuis mes seize ans, ce que je sais faire de mieux en révélant toute ma sensibilité. Le cinéma est une catharsis. Je suis aussi prête à vivre d'une autre façon mon existence. Je pourrais suivre un homme que j'aime et le soutenir dans ses activités, je pourrais travailler avec des animaux, je pourrais être en contact avec la nature… Je pourrais… Je pourrais faire tant de choses, me semble-t-il. Je me sens remplie d'énergie, pleine d'envies pour ma nouvelle vie ! Mais le doute s'immisce, qui vient affadir mes rêves les plus colorés et éteindre ce joli feu qui crépite au cœur de mon cœur, qui réchauffe et nourrit mon bonheur en devenir. Une petite voix, teintée de bon sens réaliste, qui me semble tour à tour paternelle et protectrice, me susurre : « C'est pour ton bien, il faut te rendre à l'évidence ! » Tour à tour rabat-joie, inadaptée – comme si elle ne me connaissait pas – ou clairvoyante – elle me connaît trop bien –, elle essaie de me ramener à la raison, ou, sous son apparence protectrice, elle n'est que domination, car elle a peur et tente par tous les moyens de me convaincre que je ne suis pas à la hauteur. Ainsi, la chute sera moins haute si je reste assise sur ma chaise à ne rien faire, à ne rien oser.

Alors, que faire ? Attendre et passer à côté de ma vie ? Ou essayer, essayer encore, de réenchanter ma vie, de la recolorer comme le font les peintres, par petites touches de couleur, touche après touche, en apportant un peu plus de couleur ici et là, un peu plus de lumière. Car oui, la vie est belle. Elle est rayonnement, elle est harmonie, et oui, oui, et oui, je veux participer pleinement non seulement à réenchanter ma vie, mais à réenchanter la vie autour de moi, celle des spectateurs qui regardent mes films, celle de mes amis, de ma famille, des êtres bien-aimés. Je prends conscience que je veux être pleinement actrice de ma vie. Quand la petite voix du doute s'installe en moi, c'est comme si toute mon énergie s'effondrait, comme si mon allégresse naturelle s'effaçait, comme si je n'étais plus en capacité de décider ce qui est bon pour moi. Un sentiment de confusion, de tête en coton, couve en moi, accompagné du fameux « à quoi bon ». Résignation ?

J'ai récemment arrêté de recourir aux patchs de nicotine, ce qui accentue cette sensation : mon esprit cherche l'issue, mais se perd dans des méandres, dans une multitude de chemins incertains. Il faut patienter, je le sais, laisser décanter et permettre à mon corps à présent appelé à fonctionner sans la nicotine de se reposer. C'est la période inconfortable de la transition. J'ai beau savoir que ce n'est qu'un passage de quelques jours, il n'en reste pas moins qu'il me demande un grand effort. Je sais qu'il est temps de le faire. J'avais pris rendez-vous plus de deux mois auparavant chez un magnétiseur pour qu'il m'accompagne dans le sevrage. Je n'étais pas tout à fait prête, mais y a-t-il un bon moment ? Pour les choses difficiles, il n'y a pas de bon moment. Alors, telle une alpiniste en haute montagne, avec le sac à dos de mes émotions plus ou moins chargé, consciente du travail à fournir pour accéder à un mieux-être, je fais une pause dans le refuge de mon âme, pour mieux repartir sur le chemin qui mène au sommet. La résignation laisse place à la confiance et à l'acceptation. Au fur et à mesure de mon ascension, je comprends que d'autres sommets plus hauts se cachent encore. Ma route est celle de la détermination confiante et sereine ; c'est en la parcourant que je peux laisser l'humilité s'installer face à ces sommets qui s'élèvent au loin et se révèlent les uns après les autres.

Le bonheur est chemin faisant.

Le bonheur est de cheminer confiante.

Le bonheur est de contempler l'horizon, bien avant de l'atteindre, si toutefois il est atteignable…

Yoga, méditation, alimentation

Chemin d'épuration de mon corps et de mon âme. Mise en lumière de l'essentiel : l'amour. L'amour qui englobe tout : l'espoir, la lumière, la joie, la paix, la simplicité et l'évidence de toute chose. Chemin faisant, je me suis dépouillée peu à peu, pas à pas, de mes peurs, de mes doutes, de mes croyances limitantes. Cette mise à nu, loin de me rendre vulnérable, me rend honorable à moi-même, comme auréolée de ma propre lumière qui se diffuse et irradie depuis mon cœur. De ma propre lumière émane un champ de forces subtil, parce que invisible pour les yeux humains, mais palpable autour de moi. Force subtilement invisible, et pourtant si délicatement présente.

La présence lumineuse de ma force intérieure a toujours été là, mais je l'avais enfermée dans une dure cuirasse, sous de multiples épaisseurs de peur. Les cuirasses s'installent subrepticement, insidieusement, à la façon de voiles de coton posés progressivement les uns sur les autres. La pose est indolore, délicate presque, très protectrice, et voile la peur, la relègue à l'arrière, au fin fond de la remise poussiéreuse de notre inconscient, comme une chemise de coton qui nimbe peu à peu notre corps, notre cœur de lumière, et qui devient pareille aux couches d'oignons superposées. C'est lorsque l'on retire les couches de l'oignon les unes après les autres que l'on pleure ! Et l'on pleure d'autant plus que l'on retire vite toutes ces épaisseurs de protection accumulées face à nos craintes.

Au fil du temps, j'ai mesuré à quel point il était illusoire de vouloir se débarrasser d'un seul coup de toutes mes pelures d'oignon, et parfois, le retrait d'une seule d'entre elles était déjà très douloureux. Transformée en pleureuse, incapable de retirer une couche supplémentaire, j'aurais presque souhaité qu'on les remette en place, que je retrouve mon inconfort confortable. Je trouvais quasiment plus tolérable d'être engoncée dans ce carcan étouffant de protections plutôt qu'être enfin libérée de mes mouvements, de vivre mes émotions. Comme si cette petite victoire sur une liberté retrouvée m'infligeait une douleur comparable à l'aveuglement d'yeux habitués depuis toujours à l'obscurité, qui reçoivent d'un seul coup un grand rayon de lumière.

Petit à petit, j'ai senti le poids de ma cuirasse invisible devenir de plus en plus lourd sur mon corps, et surtout sur mon âme. Celle-ci entravait presque toute ma joie de vivre. Ma cuirasse s'est faite de plus en plus épaisse, jusqu'à enfermer mon corps et mon âme... Il restait alors dans cet étau la pulsion de vie qui m'a poussée, étape après étape, à la fendiller, la lézarder, l'ébrécher, l'écarteler, épaisseur après épaisseur, jusqu'à me libérer. Jusqu'à respirer de nouveau, sentir mon cœur battre du bonheur de vivre en étant tout simplement qui je suis, jusqu'à diffuser ma lumière naturelle avec humilité et force, en exprimant ma personnalité.

J'ai beaucoup cherché à refaire ce que je savais faire, à « jouer un rôle » au petit écran. Or, la vie est un chemin avec des étapes, des pauses, des arrêts, des bifurcations. Arrivée au carrefour de la cinquantaine, dépouillée d'une grande partie de ma cuirasse, je comprends que les mots couchés sur le papier me permettent aussi de « jouer un rôle », sans image, certes, mais avec toute la puissance de l'espoir. Chacun à sa façon appose sur le scénario réussi de sa vie les images de ses plus beaux rêves pour les illustrer. Cela, je le fais jour après jour, semaine après semaine, mois après mois, depuis des années. Les mots deviennent un rythme, une mélodie, qui accompagne chacun pour transformer – parfois de manière soutenue, parfois lente – la mise en images du bonheur retrouvé.

Depuis presque un mois, je marche tous les jours dans la nature, le plus souvent dans la vallée de la Flora, mais aussi sur la plage, parfois seule, souvent accompagnée de la chienne de mon père, Laddy, que j'ai d'abord emmenée en promenade pour faire plaisir à mon père, et qui est devenue ma compagne de balade pour mon plus grand plaisir, celui de la voir courir inlassablement après les mouettes et les goélands. Au fil des jours, des semaines, je ressens que la nature me révèle.

Comment la nature révèle ma nature

Je retrouve celle que je suis, selon ma vraie nature, naturellement, sans fard ni paillettes, sans apprêt ni accoutrement. *Exit* les robes haute couture et les talons hauts ! Ils n'ont été que les accessoires d'un soir, des exceptions, comme ces deux magnifiques robes offertes par la maison Dior à mes vingt ans pour monter les marches du festival de Cannes. Exceptions car j'ai toujours préféré les chaussures plates, et privilégié le confort et l'agilité. J'ai certes apprécié les tenues élégantes de grands couturiers lorsque, guidée par mon ex-mari plutôt esthète, je découvrais l'art d'associer les couleurs, les matières et les coupes selon l'humeur ou l'occasion. Mais je gardais au fond de moi le sentiment qu'une petite robe simple permettait tout aussi bien de mettre en valeur mon jeune et joli corps de l'époque.

Désormais, je ressens une impérieuse nécessité de toucher le sol, de « toucher terre », de « revenir sur terre ». Talons de mes escarpins d'un soir ou talons de mes escaliers illusoires, je me sens plus que jamais appelée à fouler le sol de la façon la plus humble qui soit, pieds nus, si j'osais, si je le pouvais. La nature se laisse approcher en talons plats, en chaussures souples et anatomiques qui épousent la forme naturelle de la plante du pied, cette dernière épousant à son tour la forme naturelle du sol de Dame Nature. Dérouler mon pied du talon aux orteils, pour dérouler le script du tout nouveau scénario de ma vie, avancer d'un pas tout à la fois plus léger et plus sûr, celui de ma vraie nature, d'un pas posé bien à plat, qui m'offre le sentiment de ma vraie grandeur. Une grandeur d'âme qui n'a nul besoin de talons pour ajouter un peu de hauteur à ma taille : la vraie nature de ma stature, c'est à ma joie de vivre qu'elle se mesure.

Je me laisse agréablement surprendre par le sourire qui s'installe et vient détendre mon visage, apaiser mon âme. Magie de la vie dans son essence première, celle de la nature : je me sens de nouveau en vie lorsque je me fonds dans ce décor de verdure, vallée de la Flora, vallée des fleurs. En toute humilité, je me sens fleur parmi les fleurs, car mon âme est légère et insouciante, baignée et apaisée par l'évidence de la beauté incarnée par chacune de ces fleurs. Pur bonheur, bonheur pur.

Envahie par un sentiment de plénitude, je me sens faire partie de cette belle nature de la Flora, je me sens libre de respirer avec toute mon amplitude. Je me sens accueillie en son sein aussi naturellement que le vent bruisse dans les feuillages. Chaque élément est à sa place et se déplace avec grâce. Je me sens ici à ma place et me déplace, me délasse ; et les brouillards de mon âme passent. Ils se dissipent sous la douce lumière, à l'orée de cette clairière que je devine au loin, sur mon chemin, paisible. Je m'imagine, allongée sur cette verte prairie, en paix, comme si, après cet effort inouï, presque surhumain, presque évanouie dans la pénombre de mes appartements parisiens, je redécouvrais la douceur et la force naturelle de la lumière du soleil.

Comme une enfant, je m'émerveille du bonheur simple et si puissant du soleil sur mon corps qui languit, et qui se réveille doucement. Comme si, un à un, les rayons venaient toucher mon âme, réparer chacune de mes cellules meurtries, attristées, apeurées, et comme si chacun de ces merveilleux rayons dissolvait la moindre parcelle de mon passé ressassé, de mes noires mémoires. Chaque promenade quotidienne vient accroître mon bien-être, comme un réveil de mon corps endormi, comme un éveil de mon âme endolorie.

Je reviens à la vie.

Je reviens à ma vie.

Je souris. Je ris, même.

Peut-être est-ce aussi simple que cela.

La nature me révèle ma vraie nature, la nature *est* ma vraie nature.

Je me sens ancrée dans la nature, tel un arbre dont les racines sont profondes, larges et parfaitement accrochées. Rectitude entre ciel et terre. Mes pieds bien à plat au sol, ma tête lancée vers le ciel, je me sens de nouveau alignée entre là-haut et ici-bas. Je reprends des forces physiques au gré de mes promenades, comme si la vie de la terre me nourrissait de la sève de la vie par la plante des pieds, et me renforçait jour après jour. Comme si la lumière du ciel m'inspirait par le sommet de mon crâne l'essence de la vie, et me guidait vers de nouveaux projets. Gratitude infinie pour cette si généreuse nature.

Je me surprends à enlacer cet arbre dans un élan spontané. Enlacer un arbre, mon Dieu, que c'est sensuel ! Je n'avais jamais imaginé la douceur de son écorce, le soutien de son tronc contre mon flanc, et la chaleur douce de son écorce réchauffée par le soleil sous la paume de ma main attendrie. Mes doigts parcourent avec légèreté les sillons de sa surface ; des aspérités se dessinent parfois sous ma paume. Je rouvre mes yeux mi-clos pour l'admirer, comme on découvre les parcelles de la peau de son bien-aimé, et, émerveillée, je contemple la beauté des reflets bruns et dorés, qui dansent sous la lumière du soleil ce matin-là. Je laisse filer ma main délicatement, je laisse descendre mes bras le long de son tronc, et je ressens comme une présence tranquille qui vient me consoler, me murmurer les poèmes que l'on dit à ceux qu'on aime…

Suis-je bien éveillée, entends-je bien cet arbre me parler ?

Sublime sentiment que cet être aimant dans l'instant présent, pour moi, rien que pour moi.

Son tronc contre mon dos, ma colonne vertébrale contre sa colonne de sève, bercée par le chant de quelques oiseaux, j'ai les yeux fermés. Je ressens toute la rectitude et la force de l'arbre qui, sans aucun doute, se pose et s'impose entre ciel et terre. Je pressens à cet instant qu'il est possible, et même qu'il m'est demandé, ainsi qu'à cet arbre, d'exprimer ma rectitude et ma force entre ciel et terre. « Je suis là pour ça », me dit ma petite voix, qui poursuit : « Chaque être humain est là pour se tenir debout avec dignité et humilité, parfois fragilisé par les aléas de la vie, et parfois renforcé par ces mêmes aléas qui, avec le temps, ont cicatrisé. Qu'importe, la vie se joue debout comme sur une scène de théâtre, avec force, expression et conviction ; allongé, c'est la position dédiée au repos, à la nuitée, aux corps enlacés dans l'effusion de l'amour ! Par défaut, à la fin, allongé, c'est la mort. Alors, qu'attends-tu ? M'entends-tu ? Oui, bien sûr, tu souris ! »

Oui, bien sûr, je souris, car j'ai compris ; mais surtout j'ai ressenti. J'ai ressenti cette ondulation de vie parcourir ma colonne vertébrale, de mon bassin jusqu'à ma nuque, pareille à la sève qui remonte le tronc de l'arbre jusqu'à son sommet en ce magnifique printemps. Sensation à la fois forte et fugace, assez forte pour que je la garde en mémoire, trop fugace pour la faire perdurer dans mon corps. Je me sens rassurée et renforcée, verticale, prête à avancer avec détermination pour (re) découvrir toute la beauté de la nature, de la vie.

Gratitude infinie !

Mes arbres de vie

Marcher chaque jour au grand air m'a dotée d'une nouvelle énergie, et m'a redonné goût à la vie d'une façon plus profonde que jamais je ne l'avais expérimenté depuis quinze ou seize ans. Bien sûr, avec la marche, l'activité physique a contribué à tonifier mes muscles, à amplifier ma respiration, à apaiser mon cœur, en résumé à accroître mon bien-être. Jour après jour, me sentant de plus en plus à l'aise dans mon corps et dans mon esprit, légère dans ma démarche, le pas souple, le cœur alerte, dans cette vallée accueillante et bienveillante, j'ai commencé à observer cette jolie nature plus en détail. Moi qui viens ici, au Val-André, tous les étés depuis cinquante ans pour me reposer et m'amuser, bavarder, jouer, flirter, jamais je n'étais allée marcher dans la Flora. Avec les yeux émerveillés d'une enfant, je découvre Dame Nature. Ce qui me ressource le plus, ce sont les arbres, petits ou grands, jeunes ou vieux, frêles ou robustes, à feuillage ou à épines en ramage, de forme harmonieuse ou tortueuse, en inflorescence qui embaume mes sens, majestueux êtres vivants, comme les personnages d'un conte de fées au pays de cette vallée enchantée.

Les regarder m'a apaisée, les observer m'a ressourcée, ressentir leur énergie m'a remplie de nouvelles envies. Et, oui, j'ai eu envie de les dessiner, de les représenter à ma façon, une de ces pulsions créatrices qui s'imposent comme irrépressibles et se réalisent, avant même que ma tête, mon mental n'interfèrent et ne prennent le pas, dictateurs sur les doux ressentis venus tout droit de mon cœur. J'ai donc commencé à esquisser leur silhouette, à attraper des morceaux de tissu pour figurer leur feuillage plus en volume, plus en texture, pour les étoffer, pour les rendre, à ma façon, plus vivants sur le papier. Ironie du sort, n'est-ce pas, que de vouloir rendre vivant un arbre couché sur le papier, lui-même issu de la transformation d'un arbre qui n'est plus vivant depuis longtemps. C'est ma façon de rendre hommage, moi, humble créature. Tâcher de mettre autant de beauté que possible sur ce papier.

Je me laisse happer par la magie, par les coloris, par la disposition que j'envisage selon mon intuition. C'est là, me semble-t-il, une forme de méditation : je ne perçois rien d'autre que la présence de l'énergie de cet arbre, rien d'autre que la transcription de sa beauté sur le papier, comme si je devenais un peu moi-même cet arbre, comme si je me fondais en lui. Ces instants sont à la fois profonds et subtils, fugaces et intenses, un moment hors du temps, une fulgurance dans le bien-être, tout en disposant tranquillement les morceaux de papier, de tissu, dans un sentiment d'accomplissement serein. En peinture chinoise, les maîtres disent qu'il faut observer plusieurs jours, plusieurs semaines parfois, une fleur pour en comprendre et en ressentir l'essence, la force vitale, avant de pouvoir la rendre par le pinceau, et je partage cette conception. Mes arbres de vie sont pour moi un ancrage : j'ai passé tant de temps à dormir, à réfléchir.

J'étais, il faut bien le dire, un peu déconnectée de la réalité. Il fallait me réancrer, retourner davantage dans le matériel que dans le spirituel. Il me fallait trouver un équilibre, et cela passait par oser affronter le quotidien, toutes ces choses qui ne font pas que du bien : manger, oui, mais quoi ? Respirer, oui, mais comment ? Travailler, oui, mais avec qui ? Aimer, oui, mais qui ? La nature, dans sa simplicité déroutante, m'a montré le chemin : marcher naturellement, respirer naturellement, sourire simplement. Et puis créer, dessiner, être active et créative, m'offrir ces moments présents, offrir mes arbres de vie qui sont aussi des cadeaux pour mes amis, et les vendre également. Donner et recevoir, tel est le flux naturel de la vie, comme l'inspire et l'expire qui se succèdent spontanément.

Alors au fil de mes inspires et de mes expires, dans un souffle créatif, j'ai composé mes arbres de vie aux couleurs et aux formes variées. Tracer leur tronc, dessiner leurs racines m'a permis de ressentir la force de la terre combinée aux labyrinthes raciniels : ressentir, reconnaître, accepter mes racines, et donc mes origines, me permet de me consolider. Mes racines symbolisent l'endroit d'où je viens, mais signifient aussi ma force, ma sève, mes ressources intérieures. Prolongées par le tronc, elles sont mon chemin de vie, elles m'enracinent dans mon histoire qui n'appartient qu'à moi (unicité est loin de rimer avec simplicité), elles m'ancrent dans mon passé. Je me sens à présent forte, quel que soit le vent qui souffle dans le feuillage, quelles que soient les bourrasques émotionnelles dans le fruit de mes projets. Je sais que, par mes racines, monte la sève à chaque saison, et que la vie a toujours raison.

Je me sens entraînée avec vivacité dans le sillage du printemps, la nature est renouvelée, les fleurs sont révélées de nouveau, mon énergie est décuplée au contact des arbres, des fleurs, des oiseaux, de la lumière plus vive. Je me sens ici pleine de l'envie de voguer vers l'été ensoleillé.

Été 2020

L'été est arrivé. Il fait beau cette année, et même très chaud. Au sortir d'un confinement de deux mois et demi, il est bon de se sentir réchauffée et apaisée par le soleil. Un vent de liberté souffle de nouveau, malgré un contexte incertain, avec son lot de règles et de gestes inédits, tels que le port du masque dans les magasins et dans certains lieux extérieurs.

Néanmoins c'est l'été, et j'ai envie de rattraper ma liberté après ce long temps d'enfermement. J'ai envie de profiter de mes amis qui me rendent visite dans ma jolie Bretagne, lors de balades, de soirées amicales. J'ai envie aussi de prendre soin de moi, car je me sens ballottée par les aléas conjoncturels et par mes doutes personnels : confinement, couvre-feu, port du masque en certains lieux, annulations ou restrictions des manifestations culturelles, autant de nouveautés qui requièrent de l'adaptation à défaut d'une pleine acceptation. J'essaie d'ailleurs de m'adapter au mieux, à défaut d'accepter ma vie professionnelle plutôt en creux.

Alors pour prendre soin de moi et de mes émois, je m'accorde des soins, des massages et des séances de shiatsu, une nouveauté et surtout une découverte au fil des séances de cet été-là…

Confiance et toucher

Pour moi, la confiance est un élément indispensable dans la relation avec les thérapeutes qui m'accompagnent sur mon chemin de « reconnexion », en particulier lorsqu'il s'agit de soins « psychocorporels », c'est-à-dire qui passent à la fois par la parole et par le toucher. Je ne peux me laisser toucher physiquement que si j'ai une pleine confiance en l'accompagnateur, et depuis quelques années seulement, car j'ai d'abord traversé une période pendant laquelle il m'était impossible d'être touchée ; je ne le supportais plus, c'était devenu trop intrusif, agressif. Moi qui ai tant aimé caresser et être caressée par les hommes que j'ai aimés, j'étais devenue réfractaire à tout contact physique, comme brûlée par le feu de l'amour, dévorée de l'intérieur de manière insidieuse. Ma peau était devenue ma barrière de protection ; ma peau que j'avais offerte au désir de mes amoureux et à mon désir de me fondre en eux était désormais mon armure invisible, mon bouclier, mon rempart destiné à repousser le potentiel assaillant, aussi charmant fût-il, qui peut-être cacherait, tel un cheval de Troie en son sein, en son sang, en ses sécrétions et humeurs, une arme fatale qui me serait létale…

L'amour brûle de mille feux, l'amour brûle de désirs, l'amour m'a consumée, l'amour m'a fait mal, et il m'aura fallu d'abord m'éloigner loin, très loin, et pendant de longs mois, de longues années même, de tout contact physique. Cela m'était devenu insupportable, inimaginable. Puis lentement, comme un réapprentissage, une rééducation tout en progression, j'ai choisi des massages – car mon corps avait besoin d'être de nouveau touché pour être apaisé – qui pouvaient être faits alors que je restais habillée. D'une part, je n'avais pas envie que l'on me touche directement, et d'autre part, je n'aimais plus mon corps, je ne voulais plus le dénuder aux yeux d'un autre. Il m'était déjà pénible d'assumer mon propre regard, alors assumer un regard extérieur sur mon corps abîmé, qui me semblait étranger à moi-même, et par un inconnu, cela était au-dessus de mes forces. Mon ego s'y opposait fermement, voulant sauver les apparences autant que possible, garder un peu de dignité grâce à mes vêtements qui redonnaient corps à mon corps. Bien sûr, j'ai choisi des femmes pour mes premiers massages.

J'ai beaucoup apprécié cette reconnexion avec mon corps grâce aux massages que m'ont prodigués ces femmes thérapeutes bienveillantes, et peu à peu je me suis réconciliée avec le toucher, jusqu'à oser recevoir des massages sur ma peau nue, et même des massages ésotériques effectués par une femme adorable. Progressivement, j'ai réappris à accorder ma confiance et à me laisser toucher physiquement ; lentement, j'ai effacé mes mémoires engrammées du contact physique qui pouvaient devenir envahissantes, voire étouffantes. Ainsi, j'ai réappris à apprécier et même à savourer le doux bonheur de me sentir fondre sous les mains bienveillantes de mes thérapeutes.

Petit à petit, j'ai compris que, dans une certaine mesure, la relation de confiance dans le toucher thérapeutique était du même ordre que la confiance nécessaire dans le toucher amoureux. Il faut une grande confiance pour accepter de se laisser toucher dans sa nudité, qu'elle soit physique ou spirituelle, thérapeutique ou amoureuse, pour se laisser toucher en son corps ou en son âme. Pour cela, il faut accepter de s'abandonner à l'autre, thérapeute ou partenaire, ne plus vouloir maîtriser, ne plus vouloir avoir raison, ne plus être en terrain connu pour accéder aux terres inconnues, simplement ressentir, se laisser embarquer dans un monde émotionnel subjuguant, submergeant…

Lorsque l'on sort d'une séance de massage ou d'un soin phycho-énergétique tel que le shiatsu, on est parfois chamboulé, avec la sensation d'avoir changé d'angle de vue, comme si tout était à la fois plus facile et plus compliqué. On accède ainsi vraiment à cette simplicité si éloignée des mécanismes de vie mis en place jusqu'alors. C'est comparable à la fulgurance d'un joli rêve dans lequel tout est non seulement spontané, mais accessible, un rêve qui s'évanouit à mesure que je remets mon corps debout, et que je me dirige vers la réalité du monde extérieur, derrière la porte protectrice du cabinet, là où il me faut me confronter à *ma* réalité pour la remodeler telle que je l'ai ressentie pendant le soin, naturelle et heureuse, l'espace de ce songe révélateur.

Le shiatsu a tout particulièrement cette faculté inattendue, insoupçonnée, de reconnecter mon corps et mon esprit. Il s'agit d'une pratique japonaise issue de la médecine traditionnelle chinoise, qui consiste pour le praticien à réaliser des points de pression avec ses mains sur des zones précises du corps du patient, correspondant le plus souvent à des points d'acuponcture et aux trajets des méridiens – trajets de circulation de l'énergie dans le corps. En apparence, le praticien de shiatsu touche en surface, puisqu'il exerce des acupressions (pressions avec les doigts), souvent sur les vêtements, donc il n'est pas en contact direct avec la peau. Cette pratique semble simple, voire simpliste ; en réalité, elle présuppose des connaissances fines, de la technique et du ressenti.

Tout d'abord, le praticien dispose de connaissances en médecine traditionnelle chinoise pour identifier *a minima* les douze principaux méridiens au travers desquels circule l'énergie, appelée *qi* par les Chinois, ou *prana* dans la culture védique indienne ; les Anciens chinois ont empiriquement – et brillamment – déduit le fonctionnement physiologique, émotionnel et mental humain relié aux cycles du cosmos, il y a plus de quatre mille ans, en observant les rythmes des saisons, des jours et des nuits. L'homme est un microcosme dans le macrocosme, expliquent-ils, c'est-à-dire que l'homme est régi selon les mêmes lois universelles que les plantes et les animaux, à savoir la gravité, mais aussi les rythmes saisonniers, circadiens, ou encore des facteurs extrinsèques, comme les conditions climatiques, l'alimentation, ou des facteurs intrinsèques, comme le bagage énergétique de naissance, les émotions... Ainsi, en comprenant par exemple l'impact des saisons sur la végétation, les Chinois ont décrit l'action des rythmes saisonniers chez l'humain :

- au printemps, les plantes sortent de terre et poussent en souplesse. Pour l'humain, cela correspond symboliquement à la première période de la vie, de la naissance à l'adolescence. Le corps est souple comme celui de la jeune plante et aspire à pousser vers le haut, vers la lumière, vers le céleste ;

- en été, la végétation est luxuriante, les plantes ont déployé leur feuillage. Elles vivent leur pleine maturité avec les fleurs puis les fruits. L'élément feu est le symbole de cette saison, la plus chaude, qui permet la pleine expansion. Pour l'homme adulte, c'est la période de pleine possession et d'expression de ses facultés : création de sa carrière professionnelle, création d'une famille, d'un foyer, de relations, etc. ;
- en automne, la sève redescend, les feuilles commencent à tomber, c'est l'énergie du métal qui retranche les feuilles comme la lame métallique du couteau tranche. C'est la saison du retrait de l'énergie, mais aussi de la récolte (pommes, raisin, etc.), tout comme l'homme senior voit son énergie diminuer et sa récolte (financière, immobilière, matérielle, etc.) s'accroître – si tout s'est bien passé ! –, tout en ayant moins d'efforts à fournir que pendant sa vie de professionnel actif ;
- en hiver enfin, les graines sont en terre, protégées du froid extérieur, des conditions climatiques extrêmes et du manque d'eau, élément maître de cette saison ; certaines espèces végétales ont même disparu de la surface de la terre, ne concentrant leur quintessence que dans la petite graine en terre, tout comme l'homme en fin de vie se prépare à disparaître pour laisser derrière lui la quintessence de

sa vie, sa descendance, son empreinte professionnelle, amicale, artistique, etc. ;
- les Anciens chinois ont ajouté une cinquième saison, appelée « intersaison », pour décrire la transition qui s'opère entre chacune des quatre saisons que sont le printemps, l'été, l'automne et l'hiver. Cette intersaison correspond à une phase de dix-huit jours à la fin de chacune des saisons, période pendant laquelle on peut observer tour à tour des caractéristiques des deux saisons en mutation. Par exemple, à la fin de l'été, il commence à faire frais le matin et le soir, mais il fait encore chaud l'après-midi. Selon cette idée, tout évolue en permanence, dans une transformation plus ou moins progressive du yin en yang et du yang en yin.

Cette corrélation entre le rythme de la nature et celui de l'homme se décline à l'infini. Une journée peut être décrite avec l'image des saisons : le printemps correspondant au lever du soleil et au matin, l'été étant symbolisé par le soleil au zénith à midi, l'automne, par la fin d'après-midi et le début de soirée, lorsque la luminosité décroît et que le soleil se couche, et enfin l'hiver, avec sa fraîcheur, sa froideur et sa noirceur, nous évoque la nuit où tout semble au repos dans un mouvement minimaliste.

Les Anciens chinois nous invitent à observer l'incidence des saisons sur les organes du corps humains :

- au printemps, de façon empirique dans nombre de cultures traditionnelles orientales et occidentales, il est de coutume de faire une cure pour drainer, détoxifier le foie et la vésicule biliaire parfois engorgés par une alimentation plus riche en hiver ;
- en été, c'est le cœur et tout le système cardiovasculaire qui sont plus spécifiquement sollicités, dès l'augmentation de la température extérieure et lors d'efforts physiques (tels que les moissons dans le monde agricole traditionnel). Le rythme cardiaque augmente, les vaisseaux se dilatent pour s'adapter à la chaleur et à l'effort inhérent à la saison ;
- en intersaison – quatre fois dans l'année donc –, c'est la rate-pancréas qui travaille davantage pour homogénéiser tous les éléments reçus (aliments et liquides alimentaires), à l'image de ce temps de transition qui compose avec tous les paramètres climatiques des deux saisons en mutation : par exemple, la chaleur et la fraîcheur dans une même journée de fin d'été ;
- en automne, les poumons sont davantage sollicités par l'air extérieur de plus en plus frais et favorable à l'installation de bactéries, de virus, à l'origine de broncho-pneumopathies, grippes ou autres affections, si l'arbre respiratoire n'est pas dans sa capacité physiologique optimale ;

- en hiver, saison de fin de vie pour nombre d'espèces végétales, saison de mort symbolique, le jour le plus court fait son approche au solstice, avec des conditions climatiques plus extrêmes où l'eau se transforme en gel, elle se fige. La peur de la mort s'immisce, et ce sont alors les reins et la vessie qui sont le plus sollicités, pour la prise en charge de l'eau du corps et de la résistance au stress avec les surrénales (glandes localisées « sur » les reins), ces dernières sécrétant les hormones liées au stress, telles l'adrénaline, la noradrénaline, pour résister à nos peurs existentielles.

Enfin, l'héritage traditionnel chinois nous propose une corrélation entre les saisons et nos émotions. « Émotion » vient du latin *movere*, « mettre en mouvement » ; les émotions seraient donc ce qui nous émeut, nous meut, nous met en mouvement, consciemment et le plus souvent inconsciemment :

- au printemps, l'émotion de la colère est exacerbée, en lien avec le foie. « Être vert de rage », dit le langage populaire, étonnamment en accord avec la couleur verte émergente à cette saison et la couleur verdâtre de notre teint lors d'une « crise de foie ». L'adolescent, par sa colère quand il s'insurge contre l'autorité parentale, contre le cadre ou l'autorité hiérarchique, ose dire « non », ose remettre en question les préétablis pour inventer, imaginer, créer un nouveau futur. Il aspire – inconsciemment souvent – à pousser, grandir vers de nouveaux cieux. Et pour cela, il se met en colère, cette colère si nécessaire. L'adolescent se met donc en mouvement à travers une colère « saine » pour exprimer qui il est, quelles sont ses aspirations ;

- en été, l'émotion de la saison est celle de la joie, joie de pouvoir sortir, vivre en extérieur, jouir du soleil, partager des moments de détente et des dîners avec famille et avec les amis lors de soirées improvisées et prolongées. C'est la joie simple du cœur qu'apportent les petits plaisirs de la vie partagés avec ceux que l'on aime ;
- en intersaison, l'émotion est celle du souci, c'est-à-dire de la réflexion qui permet de mémoriser tous les événements passés pour les compiler, en faire une synthèse expérimentale. En fonction du prochain résultat souhaité, on reproduira ou modulera le processus ;
- en automne, la tristesse, la mélancolie, la nostalgie des beaux jours de l'été passé préparent le repli progressif vers l'intérieur du foyer au coin du feu de cheminée, alors que les jours raccourcissent et que la fraîcheur s'installe dehors ; c'est aussi l'automne symbolique de la vie qui nous prépare à la mort physique, marqué par la nostalgie

des prouesses physiques et intellectuelles de notre jeunesse, et qui nous amène dans notre intériorité, face aux questions sur le sens de la vie et la transmission ;

- en hiver, l'émotion sous-jacente est celle de la peur, une peur de l'inconnu dans la seule certitude que l'on puisse avoir, celle de notre mort physique qui approche incontestablement ; cette peur appelle le courage face à cet ultime passage.

Ces quelques notions philosophiques simplifiées des textes anciens, sur lesquels repose la médecine traditionnelle chinoise – l'acuponcture et l'acupression entre autres –, mettent en lumière le lien entre le corps et l'esprit, entre l'organe et l'émotion. Ainsi, le foie est en lien avec l'émotion de la colère, le cœur, avec la joie, la rate-pancréas, avec le souci, les poumons, avec la tristesse, les reins, avec la peur. Organe et émotion forment un binôme indissociable dont le fonctionnement est similaire à celui d'un tandem : chacun possède son énergie propre et participe de manière dynamique à l'effort collectif. Tant que l'énergie et l'effort de chacun sont conformes à sa nature, à ses capacités naturelles, la dynamique est harmonieuse ; en revanche, si l'un des deux fournit un très grand effort, à la limite de ce qui est possible pour lui, alors le tandem devient plutôt un « tape-cul » (vous savez, ce jeu d'enfants qui vous éjecte si une impulsion trop forte est donnée). C'est alors soit l'organe, soit l'émotion qui sont éjectés hors de leur zone de confort physiologique ou psychique.

Prenons l'exemple de l'organe rate-pancréas, en binôme avec l'émotion du souci. La rate-pancréas est notamment chargée de réguler le taux de sucre dans le corps avec l'insuline du pancréas – dont la défaillance éventuelle est à l'origine de différents types de diabète. Si une personne consomme tous les jours des aliments sucrés (biscuits, chocolats, gâteaux, pâtisseries, bonbons, sodas ou autres boissons sucrées, etc.), son pancréas est sollicité chaque jour, voire plusieurs fois par jour, et, à l'extrême, quasi en continu – si la personne consomme une boisson sucrée ou édulcorée tout au long de la journée par exemple –, pour sécréter de l'insuline afin de contrôler la glycémie. Nous avons chacun à notre façon expérimenté ce besoin de sucre qui devient vite addictif, en particulier dans les moments de fatigue, de stress, de contrariété, ou d'inconfort. Le sucre alimentaire vient apaiser notre ressenti de manque de douceur dans le monde extérieur par de la douceur intérieure. Quel réconfort alors que ces petites douceurs. On en reprend un peu, un peu plus, un peu plus encore… Chaque jour, addition, addiction ! Addition des kilos pour certains, mais surtout addiction au sucre pour tous. Des études ont montré que le sucre est plus addictif que la cocaïne chez les rats de laboratoire.

La rate-pancréas travaille donc plusieurs heures par jour pour maintenir autant que possible notre taux de glycémie, jusqu'à être « débordée », moment variable selon chaque personne. Déjà, auparavant, bien des signes de fatigue se sont manifestés au niveau physiologique (perturbation du sommeil, manque de concentration, perte de la mémoire, humeur morose, etc.), annonçant un épuisement émotionnel. Alors la capacité à se faire un souci « juste », la faculté de réflexion, est altérée, elle reste focalisée sur le passé : « Ah, si j'avais fait comme cela ! S'il s'était passé ça… » On manque de recul, de capacité à compiler l'ensemble des données pour en tirer un outil expérientiel instructif et constructif, on manque de phases de repos dans le processus de réflexion, « ça tourne en boucle dans la tête » jour et nuit, et ce processus, le plus souvent, mène aux insomnies, jusqu'à un état dépressif. En bref, en se réconfortant chaque jour d'une situation tensionnelle avec un bon goûter, un chocolat chaud et des viennoiseries, on se prépare une situation d'inconfort encore plus grand dans les mois et les années à venir à cause de l'engluement du corps (kilos superflus, diabète) et/ou de l'esprit (dépression, *burn-out*).

Lorsque le lien entre le corps et l'esprit est harmonieux, l'émotion portée par chaque organe est une émotion dite « saine », que ce soit la joie, à forte connotation positive, ou la peur, la tristesse, la colère ou le souci, qui, dans nos cultures occidentales, ont plutôt une connotation négative. Dans la lecture orientale, chaque émotion peut être considérée comme harmonieuse, ou au contraire, « perverse ». Ainsi, la colère saine est celle qui permet à la personne de s'exprimer, d'extérioriser son ressenti lié à la situation vécue, de se positionner, de dire « non » le cas échéant, alors qu'une colère intériorisée – si la personne n'ose pas exprimer son ressenti de peur d'être jugée – ou à l'inverse une colère extériorisée – si la personne explose de colère et en ressent de la culpabilité *a posteriori* – sont des manifestations de frustration, de sentiment de ne pas être compris ni reconnu pour ce que l'on est vraiment. Ces colères intériorisées ou explosives sont destructrices au sens littéral dans la mesure où, par leur biais, la personne ne parvient ni à exprimer qui elle est, ni à se sentir reconnue pour qui elle est.

La joie saine est une joie plutôt intérieure, comme une satisfaction qui comble littéralement la personne ; il s'agit d'une joie sereine qui nourrit et diffuse un sentiment de plénitude. À l'inverse, une joie excessive et très extériorisée, très démonstrative, peut faire déborder au sens premier la capacité du cœur à contenir cette joie, d'où les infarctus du myocarde à l'annonce d'une bonne nouvelle, mais aussi des rires nerveux, incontrôlés.

Le souci, lorsqu'il est harmonieux, permet une réflexion tranquille sur le passé, une rétrospective expérimentale qui sert de base à l'analyse de ce qui a bien fonctionné et de ce qui a été moins confortable ou conforme à nos attentes. Il permet d'anticiper la modification, pour la prochaine fois, de certains paramètres pour améliorer le résultat escompté. Si le souci est excessif, la personne cogite sans cesse en se focalisant sur les aspects négatifs du passé, et dans certains cas, une déprime, une dépression ou même un *burn-out* peut s'installer.

La tristesse vécue de façon harmonieuse permet de traverser certaines situations comme le deuil, ou accroît la compassion envers les autres ; en revanche, une tristesse excessive peut conduire à la mélancolie profonde et à la perte du goût de vivre.

La peur est une émotion saine, dans la mesure où elle est à l'origine de l'instinct de survie. Elle permet la fuite ou le combat afin de préserver son existence. La peur est l'émotion qui suscite le courage d'affronter le danger pour survivre dans les cas extrêmes. La peur en excès, en revanche, est paralysante et empêche l'acte salvateur. Inversement, une peur trop légère engendre un excès de courage qui fait prendre des risques à la personne ou à son entourage.

Lorsque le lien corps-esprit est équilibré, on est naturellement en capacité d'exprimer ses opinions jusque dans la contradiction, avec force et humilité, sans crise extériorisée ni culpabilité. On éprouve une joie profonde, sereine et constante, dans la réalisation de sa vie au quotidien, on a la capacité de mémoriser et d'analyser ses expériences pour les transformer en des expériences encore plus vertueuses en termes de responsabilité personnelle et de satisfaction du résultat. On éprouve de la compassion pour son entourage et on a le courage nécessaire pour affronter les épreuves de la vie. Si l'une de ces émotions n'est pas à l'équilibre, le binôme organe-émotion se trouve en tension à plus ou moins long terme, et génère une modification du comportement émotionnel et mental, ainsi qu'une altération de la fonction physiologique de l'organe.

Le praticien de shiatsu utilise la technique spécifique de l'acupression, en pressant certains points d'acupuncture, ainsi que des trajets de méridiens, dans le but de faire circuler de façon harmonieuse l'énergie dans le corps, en particulier dans les zones où des tensions se manifestent. Pour ce faire, il apprend à localiser avec précision ces différents points et les douze principaux méridiens, ce qui lui permet d'appliquer des protocoles de soins, c'est-à-dire un enchaînement d'acupressions adapté à chaque patient. Le ressenti est également pour le praticien de shiatsu un outil précieux qui s'affine avec les années d'expérience. Ce ressenti découle en quelque sorte de l'écoute du corps du patient lors de l'acupression. L'idée est d'identifier les zones de tension qui se manifestent soit par un trop-plein d'énergie, soit par un « vide » d'énergie, un peu comme un tuyau d'arrosage qui serait plié à un endroit, créant une surpression en amont et un arrêt de l'écoulement en aval.

Au-delà des connaissances théoriques, de la technique, dans son ressenti, le praticien de shiatsu est dans la posture d'écoute la plus globale possible. Elle inclut l'écoute des mots du patient, l'expression de sa « souffrance », la prise en compte de son attitude émotionnelle et mentale dans ce contexte d'inconfort. La pratique du shiatsu telle que l'enseignent Michel Odoul et son équipe à l'Institut français de shiatsu à Paris repose sur une grille de lecture inspirée par les anciens textes chinois, mettant en *reliance* le corps et l'esprit. Cette grille de lecture permet de relier les signatures orales, corporelles, physiques et psychiques exprimées, consciemment ou non, par le patient, afin de choisir quelle information énergétique lui redonner, tant sur le plan corporel que psychique. L'idée sous-jacente est la mise en lumière du lien existant entre les maux du corps et les maux de l'âme : des émotions, le plus souvent inconscientes, s'expriment par des symptômes physiques ou psychiques qui obligent le patient à percevoir la distorsion entre ses choix profonds d'incarnation et leur mise en pratique dans sa vie personnelle et professionnelle, dans la période inconfortable qu'il vit.

Cependant, comme toute pratique, le shiatsu n'est pas une panacée. Autrement dit, ce n'est pas *la* solution miracle tant attendue par certains patients. Plusieurs séances sont souvent nécessaires pour apporter le confort physique et psychique par la détente du système nerveux autonome, par une circulation énergétique plus fluide et par la réinformation juste des systèmes physiologiques, émotionnels, mentaux et spirituels. Il s'agit, dans l'expérience de la pratique du shiatsu comme de la vie en général, d'un voyage parfois bref, parfois long, tantôt étonnant, tantôt éprouvant, dont la destination se laisse d'autant plus vite et facilement approcher que le tandem praticien-patient coopère avec confiance et dynamisme.

Le tandem que j'ai constitué avec Céline en cet été 2020 a d'abord avancé lentement pour permettre un apaisement global de mon corps et de mon esprit. Mon corps était fatigué, sensible, douloureux. Mon esprit était lui aussi fatigué, désorienté.

« Qu'attendez-vous de cette séance ? m'a demandé Céline.

— Aller mieux, mieux dormir », ai-je répondu, épuisée par mes doutes existentiels, par mes longues et fréquentes insomnies.

Un vaste programme, j'en avais bien conscience. Je n'attendais pas de miracle, mais au moins de la détente, du réconfort, des perspectives, une lueur d'espoir.

Le lien corps-esprit en shiatsu

Le lien entre le corps et l'esprit est impalpable, insondable, à l'image des ondes wifi qui permettent la connexion entre nos appareils sans fil. On pourrait être tenté de traiter séparément ces deux entités, corps et esprit, ce qu'ont fait bon nombre de pratiques, adressées tantôt au corps, comme le massage, tantôt à l'écoute du ressenti, comme les pratiques sportives plus exigeantes sur le plan musculaire, telles que yoga, taï-chi-chuan, qi-gong, pilates, danse, etc., tantôt au mental, comme les différentes approches de psychothérapie, les thérapies longues, telle la psychanalyse, ou les thérapies brèves, telles l'EMDR (*eye movement desensitization and reprocessing*) ou la PNL (programmation neurolinguistique), etc. De plus en plus présentes, les pratiques psycho-énergétiques, dont le shiatsu, allient le corps et l'esprit en permettant l'expression des émotions ainsi qu'un contact corporel pour libérer les tensions accumulées physiquement bien qu'ayant une origine émotionnelle.

Se laisser toucher, que ce soit par un contact direct avec la peau, ou à travers les vêtements, est une expérience qui nous transforme, plus ou moins, dans la mesure où une empreinte est posée, peut-être délicatement ou trop directement ; cette empreinte s'effacera peut-être très vite, ou, au contraire, laissera une marque indélébile agréable. N'avez-vous pas été ému par le toucher si souple et si empreint de tendresse des petits doigts d'un bébé sur votre peau ? N'avez-vous jamais ressenti ce bonheur ineffable de l'effleurement de la joue d'un bébé tout contre la vôtre ? Ou peut-être était-ce un toucher plein de sensualité avec votre bien-aimé(e) ? À cet instant précis, n'avez-vous pas ressenti l'espace de votre cœur s'agrandir, s'ouvrir et s'emplir de tout le bonheur du monde ? Ne vous êtes-vous pas senti investi d'une mission envers ce nouveau-né ou envers votre bien-aimé(e) ? Mission de protection, d'éducation, de bienveillance, d'amour, tout simplement, et pour toujours. À cet instant précis, même fugace, ne vous êtes-vous pas senti transcendé, capable de toutes choses pour cet être adoré ?

Mais ne vous est-il pas parfois arrivé de vous sentir mal à l'aise dans le contact physique établi ? Voire oppressé, agressé, comme si une effraction – ou une tentative d'effraction – avait été commise ? À cet instant précis, ou un peu plus tard, n'avez-vous pas d'instinct, puis plus consciemment, installé un système de fermeture, de protection, un système d'alarme ? Soit comme une armure, une porte blindée, de manière à ne plus rien ressentir, ou, au contraire, un système d'alerte ultrasensible du genre de ceux qui retentissent comme un hurlement à la moindre vibration.

L'art du toucher dans le shiatsu consiste à toucher la personne le plus délicatement possible, en adéquation avec sa sensibilité du moment ; il s'agit d'accueillir cette personne sinon avec amour, du moins avec la plus grande bienveillance possible, c'est-à-dire sans jugement. Simplement l'accueillir comme elle est dans l'espace de la séance, dans un amour inconditionnel, sans attente. Le jugement est l'expression d'un sentiment de peur qui consiste à évaluer la valeur de l'autre pour savoir si je me sens menacé ou pas, s'il est supérieur ou inférieur à moi, et s'il peut me nuire. L'art du toucher, en shiatsu, consiste donc à déposer l'empreinte subtile de l'amour inconditionnel sur le corps de la personne, afin qu'elle se sente affranchie de ses tensions émotionnelles, physiques, et qu'elle transgresse positivement son expérience. Cette empreinte subtile est une information vibratoire qui rassure et autorise la personne à poursuivre son chemin avec joie et sérénité, à l'instar des mamans qui cajolent leur enfant, sèchent leurs larmes et, par un doux baiser, comme par magie, font réapparaître le sourire sur le visage de l'enfant, dont l'envie renaît de quitter le jupon maternel pour repartir à la conquête du monde et vers les joies des jeux enfantins.

Repartir à la conquête du monde, aller de l'avant, me remettre en mouvement, régulièrement. La régularité permet le progrès, je le sais…

La constance

Je sais que marcher est bon pour ma santé, je sais que l'exercice, la méditation et une bonne alimentation sont des alliés précieux pour mon équilibre physique et psychique. À l'exception de la marche que je pratique avec bonheur très régulièrement depuis plusieurs mois maintenant, j'ai entrepris bien des pratiques vertueuses avec ferveur, que j'ai ensuite délaissées par manque d'ardeur. En effet l'assiduité ne m'est pas chose aisée, je rêve de constance. J'admire tous ceux qui semblent aussi réguliers qu'un métronome, j'essaie de leur ressembler avec beaucoup d'énergie et d'enthousiasme, au moins au début. Mais très vite, dans cette constance, je me sens soumise à la régularité, qui ressemble pour moi à la conformité, et donc au manque d'originalité, de créativité. Je comprends qu'il me faut assumer d'être un peu une rebelle dans l'âme. Je comprends maintenant qu'il ne faut pas confondre assiduité et soumission à un ordre établi, fût-il établi par moi-même. Car je me suis imposé bien des entraînements réguliers, pour la boxe, pour la salle de gym, pour la musculation (et quoi d'autre encore ?). Autant d'abandons. Je me suis pourtant appliquée à être une élève parfaite, mais que nenni dans la durée !

« Et tu sais pourquoi maintenant, n'est-ce pas ? »

Je devine que l'élan du cœur véritable manquait à mes choix, mon mental me dictait la conduite à tenir, il me dictait comment me conduire pour être celle qui serait aimable aux yeux des autres, celle qui serait musclée, dynamique, ayant un corps parfait, sachant se défendre des mauvais coups de la vie. Mais je dois reconnaître que je n'aimais pas véritablement ces activités, je les faisais pour de bonnes raisons, pour avoir raison, en écoutant ma raison. Je ne savais plus trop qui j'étais ; c'est un peu comme si, en essayant toutes ces activités, j'essayais de nouveaux vêtements pour voir lequel me conviendrait, me mettrait le plus en valeur, et me révélerait aux yeux des autres. Mais, bien sûr, c'est à moi-même que je devais me révéler. Finalement, j'ai procédé par élimination, par abdication de toutes ces activités forcenées, vécues comme des contraintes répétées, après seulement quelques semaines ou quelques mois d'assiduité. Le plaisir n'était pas au rendez-vous, et ce que j'ai expérimenté m'a confirmé qu'un manque de plaisir entraîne la douleur de l'âme qui se meurt.

C'est avec la natation, puis le yin yoga, et enfin avec la marche dans la nature que j'ai renoué avec le plaisir simple des activités qui me plaisent. Des activités pour moi, rien que pour moi. D'ailleurs, durant cette année de confinement, avec qui parler d'activités qui ne servent qu'à faire valoir son paraître, puisqu'il n'y a plus personne ou presque avec qui échanger, parler, dîner ? L'illusion du paraître s'est effondrée, il ne reste que soi-même avec soi-même. Alors je m'octroie les seules activités qui me ressourcent, quoi que l'on puisse en penser.

« Qui sont donc ces “on”, qui pourrait penser quelque chose du bien-fondé de tes activités, des résultats que tu obtiendrais ? »

En tant qu'actrice, je suis habituée à renvoyer une image. Quelle image sera la plus aimable ? Voilà la question que je me pose depuis que je me suis un peu – beaucoup – perdue. Le « on », c'est donc les autres, l'extérieur, ceux qui savent. « Mais que savent-ils de toi, au juste ? » La belle – ou la moins belle – histoire racontée dans les livres ! Mais de mon intimité, de mon intériorité, de mon chemin personnel, presque rien encore. Comment pourraient-ils le savoir puisque moi-même je ne le sais pas encore ? Je le découvre, je le redécouvre, en revenant à moi-même comme une personne évanouie qui se réveille. Merveille de se faire du bien tout simplement, en marchant, en s'étirant, en chantant. C'est si simple et évident que j'étais passée à côté en faisant plus savant et plus compliqué, au détriment de ma santé.

J'entends maintenant la notion de constance à un autre niveau, celui de la cohérence avec celle que je suis. Je respecte qui je suis en marchant, en m'étirant, en chantant, je suis en cohérence et surtout bienveillante avec moi-même. Il est alors tellement plus facile d'être dans la régularité de l'effort. L'effort est au cœur de la régularité et de l'assiduité : il est nécessaire de le réitérer pour obtenir un résultat, tel un pianiste qui fait ses gammes tous les jours, tel un sportif qui s'entraîne tous les jours. Mais cet effort est accompagné d'une certaine forme de bonheur, de plaisir, de joie intérieure, d'une évidence à faire ce que l'on fait. La contrainte de l'effort régulier s'efface et laisse place au réconfort ; la routine devient un rituel sacré, un temps pour moi, qui me procure du bien-être, la sensation d'être juste moi, et à ma juste place.

Cette notion de juste place, je l'ai vécue comme une plongée dans mon intériorité il y a quelques mois déjà. Ne pouvant plus m'astreindre à des sports tels que la boxe ou la course à pied, trop éprouvante pour mon cœur greffé, j'ai choisi de prendre un abonnement à la piscine et d'aller nager deux à trois fois par semaine, avec beaucoup d'envie et de satisfaction.

Plongée dans mon intériorité

Piscine de… à Paris.

Il m'aura fallu beaucoup de courage pour cette première nage, en dépit de ce lieu de féerie. Revêtir un maillot de bain relevait de l'exploit pour moi, en désamour avec mon corps ; il me fallait en convenir, me remettre au sport était un immense effort. Obnubilée par ces deux principaux sujets, l'apparence et la capacité physique de mon corps, qui finalement n'en font qu'un : mon corps, j'étais loin d'imaginer que le plus éprouvant serait pour moi de replonger dans le grand bain de mes émotions. Loin d'appréhender comment l'eau de ce grand bassin allait m'envelopper, me saisir dans les entrailles de mon propre bassin, et me faire plonger dans l'antre de mon âme. Je plonge, car mon corps svelte et athlétique d'autrefois connaît parfaitement ce mouvement. Je plonge donc comme on remonte sur une bicyclette, avec une légère appréhension, mais rassurée par le souvenir que ça ne s'oublie pas. Et l'inattendu se produit : ce plongeon, en une fraction de seconde, devient une plongée dans mon intériorité, un peu comme une expérience de mort imminente, lors de laquelle je revois les passages de ma vie, les personnes qui m'ont interpellée, avec lesquelles je n'ai pas trouvé, au moment voulu, les réponses « adéquates ».

Dans la fulgurance de cette plongée, tout en accéléré, vient la révélation de ce qu'aurait pu être ma vie, de ce qu'aurait dû être ma vie, si j'avais pu être fidèle à qui je suis, la petite Anne-Charlotte pleine de vie, devenue cette belle adolescente intrépide, qui a trébuché dans le saut vers la féminité, révélée par la maturité de la femme en devenir. Comment conserver l'innocence de l'enfance, la spontanéité de l'adolescente, quand mon cœur a été meurtri par ce qui l'avait le plus réjoui, étourdi, enhardi, enivré et sublimé ? Oui : sublimé. L'amour, l'amour avec un grand A, l'ascension vers le nirvana, et puis la descente, pour ne pas dire la chute, au moins aussi rapide et brutale qu'a été l'ascension. Je revois en accéléré cet arrêt brutal – comme un arrêt sur image –, stoppée net dans mon élan vital d'amour, tétanisée à l'idée de faire un pas de plus dans ma vie de femme amoureuse. Une certitude : la femme que je suis est intimement reliée à l'amour. Être femme sans aimer et sans être aimée n'a pas de sens…

Autre certitude : dans cet arrêt sur image, mon cœur brisé ne peut davantage en supporter. Et face à mon cœur prêt à s'arrêter, je fais alors le choix conscient, et surtout inconscient, de me protéger, de le protéger, ce cœur si fragilisé, au bord de la rupture. Je referme la porte de la spontanéité d'aimer et d'être aimée, et pour donner un double tour de clé dans la serrure, je renonce à la femme que je suis, libre, intrépide, joyeuse, rieuse, spontanée et déterminée à croquer la vie. Librement, cette jolie femme remet sa liberté aux confins de son cœur cadenassé, emprisonnée désormais, résolue à éviter tout ce qui l'animait, à faire ce qui, auparavant, aurait pu lui déplaire, à mener une vie qui n'est pas la sienne, à jouer un rôle en dehors de la scène et du grand écran, un mauvais rôle à vivre, ou plutôt à renoncer de vivre par peur de davantage souffrir.

Souffrir et mourir, peur de mourir, peur incommensurable… Le paradoxe se révèle de façon inexorable : par peur de mourir brutalement, je me meurs à petit feu, jour après jour, année après année. Seize années de cette plongée dans mon intériorité avant de commencer à remonter maladroitement vers la surface. Vision fulgurante et englobante de quelques secondes pour embrasser ces seize années. Dans cette plongée en arrière de plusieurs années, que je revois en quelques secondes, j'éprouve un sentiment ambivalent : quand je plonge toujours plus profondément dans mes abysses, un délice s'installe, mes sens s'engourdissent, il y fait de plus en plus sombre, tout est lourd et lent, ralenti, presque annihilé. Respirer, je m'en sens dispensée, je me sens glisser dans cette obscurité. Et je sais que je peux choisir d'y rester… à jamais. Pourtant, au paroxysme de cet appel à la lenteur, lorsque le temps se distend et que je me sens rejoindre l'infini, brutalement, inopinément, je me surprends à apercevoir un point de lumière, à me sentir légère, à revenir et à sourire. Je comprends soudain qu'à l'extrême de la noirceur se dresse le bonheur de la lumière renouvelée, comme le jour succède à la nuit, comme le soleil succède à la lune, sans jugement de valeur. Je me sens lune et soleil. J'éprouve de nouveau le bonheur d'exprimer qui je suis à la lumière du soleil, de nouveau le bonheur de vivre.

Être heureuse

J'ai toujours voulu être heureuse, mon seul but est de l'être, et je dois pourtant reconnaître que ce n'est pas ce qu'il y a de plus inné chez moi. Il m'a semblé, mes toutes premières années jusqu'à l'âge de seize ans environ, qu'être heureuse était une évidence, que je pouvais éprouver ce sentiment avec une facilité déconcertante, que le bonheur était très facile. D'ailleurs, n'étais-je pas devenue actrice du jour au lendemain, célèbre à seulement seize ans ? J'ai alors découvert de pair la célébrité et la gloire, la cruauté et le désespoir. Un peu comme quand on se rend trop confiant à un examen ou à un entretien, et qu'on se prend les pieds dans le tapis par excès de zèle, de confiance, et par manque de centrage, de concentration. Une distraction, et patatras ! Sourire et être belle ne suffisent pas à être heureuse.

« Partir la fleur au fusil », dit-on. Quand bien même notre vie aujourd'hui n'est pas un champ de bataille, mieux vaut être armé pour affronter certaines adversités le jour où elles adviennent. Faire respecter mon territoire, mon intégrité, je l'ai appris à mes dépens, moi, la naïve qui s'offrait à la vie comme une fleur au soleil, ignorant l'existence même du vent et de ses tempêtes, des nuages et de ses ombrages, des insectes grignoteurs, ravageurs. Par surprise et par peur, je me suis repliée sur moi-même, je me suis privé du soleil et en ai oublié mon bonheur, concluant momentanément à une illusion du bonheur. Après les nuages, le soleil de nouveau. Alors, de nouveau, je crois au bonheur, j'entrevois mon aptitude à être heureuse, je déploie mes pétales comme des voiles et je prends le large vers un nouveau cap, j'aperçois mon horizon, Bien qu'encore indistinct et brumeux. Je sais maintenant distinguer le vent clément qui me redonne de l'air, de l'aisance dans ma respiration de fleur, du vent tempétueux et impétueux, que j'ai appris à reconnaître et dont j'ai appris – et apprends encore – à me protéger.

Alors, oui, j'ose réaffirmer que mon but est d'être heureuse. C'est une évidence, je suis née pour être heureuse, comme chacun des êtres humains ici-bas. Nous aspirons tous à la plénitude, cependant nous empruntons des chemins un peu différents ; certains semblent plutôt doués pour le bonheur, et même favorisés dès le départ pour réussir : une enfance dans une famille aimante, des études plaisantes et réussies, un mari ou une épouse bienveillant, des enfants – au moins deux, et plus c'est mieux ! –, des amis, des dîners, des soirées, un chien, un chat, des vacances, etc. Tout est parfait, et pour la vie. Pour d'autres, la vie, moins généreuse en apparence au départ, leur a pourtant réservé une bonne étoile qu'ils sentent filer au-dessus de leur tête à partir d'un moment précis, et les accompagner le reste de leur vie durant. D'autres encore, dont je fais partie, ont l'impression que la bonne étoile les a lâchés en plein vol et sans boussole, les laissant étourdis comme après un tour de toupie, désorientés et projetés, meurtris après cet atterrissage forcé.

Comme l'animal blessé, j'ai dû panser mes plaies avant de me relever sur le ring de l'existence, et d'oser prétendre de nouveau au bonheur. Eh bien, je suis prête. À l'époque où je pensais que la vie était une prairie de fleurs et de papillons, j'ai été mise K.-O., *uppercut* de la gauche pour la liberté, *uppercut* de la droite pour aimer. Aujourd'hui prête à remonter sur la scène, je n'ai pas peur de ce ring déguisé en prairie, je connais les règles du jeu et je les assume. Les règles du jeu : définir ses valeurs, sa notion du bonheur, ses aspirations profondes, clarifier ses objectifs et ses souhaits. Si nous nous en passons, nous sommes ballottés comme des fétus de paille par les vagues, les aléas de la vie, les désirs et injonctions des autres. Je m'attache donc, jour après jour depuis des mois, à définir ma vision personnelle du bonheur, à préciser mes intentions, à ressentir tout ce qui me procure de la joie et à cultiver, au propre comme au figuré, des relations privilégiées avec ceux que j'aime, ce qui fait grandir ma perception de l'harmonie de la vie.

Concrètement, qu'est-ce qu'être heureuse ? Apparence de simplicité. Apparence seulement… Car après des années de doute, de dévalorisation, répondre à cette « simple » question suppose de savoir dire ce que l'on aime, ce que l'on n'aime pas, ce que l'on veut, ce que l'on ne veut pas, ou plus. Mais comme la toupie, étourdie et meurtrie, désorientée, hébétée, me voilà bien embêtée pour répondre à cette « simple » question. Alors, avec l'humilité et le lâcher-prise de ceux qui n'ont plus rien à perdre parce qu'ils sont déjà à terre, avec pourtant l'envie et la force immanentes de me relever et de vivre, je comprends qu'il me faut demander de l'aide. J'accepte d'être accompagnée, prise par la main comme une enfant à la sortie de ce manège étourdissant de ma vie de plus de trente années ; j'accepte l'aide de la perche tendue pour me relever et me révéler, me réveiller progressivement, en douceur.

De bien des façons, j'ai demandé et reçu de l'aide ; une profonde réparation de mon âme s'est opérée par touches successives, ainsi qu'une préparation de mon corps à sortir de la langueur : la psychothérapie, séance après séance, année après année, la reprise de l'activité physique avec le jogging, puis en salle de gymnastique, la natation, la marche, la naturopathie et la diététique, le chant, le yin yoga, les séances chez les magnétiseurs et le shiatsu, la pensée positive, l'art-thérapie et les mantras, etc. Une large palette de pratiques et de soins, comme un éventail déployé de l'Occident vers l'Orient : je constate que j'ai d'abord fait appel aux thérapies « classiques » de notre culture française et européenne avec la psychothérapie, les sports, la diététique, ce qui m'a permis de m'apaiser émotionnellement et de me remettre en mouvement, d'impulser une nouvelle dynamique vertueuse dans mon corps ; dans un second temps, inconsciemment, j'ai recherché des pratiques plus « spirituelles », comme si, mon corps et mon âme étant à peu près remis sur pied, j'étais apte à trouver un sens plus spirituel à mon chemin de vie. Le shiatsu, l'écoute des musiques d'origine indienne et les mantras inspirés de la tradition védique m'ont apaisée à un niveau plus profond et plus subtil encore, et ils ont nourri ma créativité. J'ai ressenti un immense bonheur dans le chant et dans la création de mes arbres en peinture et papier. Enfin, ces pratiques orientales m'ont guidée pour me reconnecter à la femme que je suis, à mon essence profonde, à ma nature divine.

Accompagnée sur mon parcours par des thérapeutes bienveillants, j'ai réappris à ressentir ce qui m'apportait le plus de joie, et ce à quoi j'aspirais profondément.

Être heureuse. Et partager, à ma façon, cette voie vers le bonheur avec tous ceux qui le souhaitent. J'ai appris à oser dire ce que j'aimais, moi qui avais l'habitude de répondre d'abord : « Je ne sais pas », très vite, trop vite pour que ce soit une réponse authentique. Une réponse automatique de protection pour dire « non ». Je comprends alors que ce « non » ne m'appartient pas vraiment, qu'il est celui de ma mère, qui disait d'abord « non », pour des raisons qui étaient les siennes, mais qui ne sont pas miennes, pour mieux cacher un « oui » qui venait ensuite. Mais fallait-il encore bien la connaître, et bien me connaître, pour deviner que la froideur et la rigidité de nos « non » étaient l'armure protectrice de nos cœurs tendres qui n'aspiraient que trop facilement au « oui » pour faire plaisir, pour être aimées. Je choisis donc consciemment de délaisser ces mots prononcés inconsciemment ; je choisis de conserver en héritage tout le beau que ma mère m'a transmis, le goût pour la musique par exemple, et je choisis ma liberté de dire ce que j'aime, ce qui m'anime, de façon naturelle, simple et authentique, tout en me sentant en pleine sécurité dans mon choix, celui d'oser dire mes plus beaux rêves.

Ma douce maman, tes plus beaux rêves, je les ai en partie devinés, tu ne les as jamais tout à fait exprimés, tu as renoncé à cette belle carrière de pianiste et endossé celle de maman, et je suis là, par toi et grâce à toi, par la grâce de toi… Tes parents s'étant séparés, tu as fait le choix de rester près de ta propre mère à la santé fragile, plutôt que de partir vers l'Amérique avec ton père : un choix quelque peu orienté par l'injonction paternelle de le suivre outre-Atlantique, loin de la douceur maternelle, et à cette condition, il te paierait tes études de pianiste. Reçue seconde au concours du conservatoire, tu n'as pu poursuivre en France tes cours de piano, et tu as commencé à travailler pour prendre soin de la santé de ta mère, faute d'une nouvelle vie dans le Grand Ouest, où tu aurais été éduquée comme une princesse. Tu as choisi d'assumer un travail au goût de labeur, avec douceur, telle Cendrillon, ma douce maman. Trébucher sur la plus haute marche du podium de ce concours, et te relever humiliée, abandonner ton plus beau rêve de devenir une grande pianiste, et, avec humilité, exercer des métiers pour assumer la survie des êtres bien-aimés, restés et délaissés. Avec tristesse et sagesse, mais aussi gentillesse, tu nous as élevées, ma sœur et moi, avec tout le dévouement de ton grand cœur. Tu m'as élevée jusqu'au premier rang d'actrice. Premier prix à Berlin pour *Rouge baiser*, mon premier film. Et j'ai trébuché, moi aussi, au pied du firmament des acteurs, du sacrement…

Tout comme j'ai décidé de remplacer ce « je ne sais pas » par le fait de dire haut et clair ce que j'aime, ce qui m'anime, ce que sont mes plus beaux rêves, je décide aujourd'hui d'être libre de mes choix, de reprendre ma liberté et ma trajectoire d'actrice. J'incarne l'espoir de la victoire sur les petits et les grands déboires de la vie, je crie « victoire », j'insuffle l'espoir et je transmets cette joie de la vie à travers mes chansons et mes citations, ma diction dans les jolis rôles qui me sont désormais offerts.

Lorsque je regarde dans le rétroviseur de ma vie, je comprends que ce chemin de transformation profonde de mon corps et de mon âme est passé par la transformation de mes propos, qu'ils soient de toutes petites phrases prononcées de façon automatique, parce que rattachées à mon inconscient familial et culturel, ou qu'ils soient ces toutes petites phrases de dévalorisation qui tournaient en boucle dans ma tête. J'ai transgressé peu à peu mes croyances négatives sur ma place en tant que femme et je les ai remplacées par mes croyances personnelles, sous forme de « mantras » à la française, incitée par Céline au fil de ses séances d'accompagnement, en particulier lors d'un entretien au cours duquel mon humeur était très *down*. Ce soir-là, je lui confiais mes doutes profonds sur ma capacité à renouer avec une vie de couple harmonieuse – célibataire depuis une petite vingtaine d'années –, mais aussi mes doutes professionnels –, j'étais en effet vacataire depuis quelques années pour des rôles ponctuels. Cafard dans ce brouillard, humeur d'une telle noirceur, l'heure était venue de réinsuffler la dynamique opposée et complémentaire :

Céline a tenté d'inverser la vapeur, elle m'a proposé de décrire mes souhaits d'une façon tout enfantine, à la façon d'une comptine, en imaginant que tout était possible, comme si j'avais une baguette magique, comme si je renaissais à la vie pourvue de mes plus beaux attributs, comme si ma vie était un rêve merveilleux, comme si le plus beau scénario de ma vie se déroulait devant mes yeux ébahis.

Céline me précise alors le processus et l'importance de me focaliser sur mes rêves plutôt que sur mes peurs : chaque pensée, chaque mot émis sont autant de vibrations qui véhiculent tout un champ informationnel plus ou moins conscient, mais bien réel. Ainsi, une personne qui souhaiterait gagner plus d'argent, pourrait se dire : « Je ne veux plus être pauvre » ou bien : « Je suis riche. » Lorsque l'on se dit : « Je ne veux plus être pauvre », notre inconscient entend « pauvre » et fabrique un imagier de la pauvreté, des pauvres vêtements, une pauvre maison, une pauvre voiture, un pauvre travail, et peut-être même un « pauvre conjoint » ! À l'inverse, lorsque l'on se dit : « Je suis riche », notre inconscient crée instantanément l'imagier d'une vie riche sur le plan matériel et relationnel, une belle maison, de belles vacances au soleil sous les cocotiers, une belle famille heureuse et joyeuse. On se sent détendu, confiant dans cette atmosphère de richesse, alors que le corps et l'esprit se contractent, se tendent à l'évocation de la pauvreté qui implique la difficulté et l'inconfort.

Notre inconscient ne fait pas la différence entre le réel et l'imaginaire, il prend pour argent comptant la proposition de nos pensées et de nos paroles ; parlez-lui de pauvreté et il convoque le contexte de pauvreté et le ressenti qui va avec, parlez-lui de richesse et il se connecte au potentiel qui s'offre à vous. Le challenge est alors de maintenir active cette pensée de richesse et de rester en lien avec le ressenti agréable de son univers harmonieux et joyeux, celui-là même qui permet de saisir avec confiance les opportunités de travail, de relations enrichissantes au propre comme au figuré. Et vous vous appropriez ainsi les deux clés fondamentales de la pensée dite positive, nommée « mantra » dans les contrées orientales, ou encore « prière » dans les cultures religieuses :

1. clarifier vos souhaits pour le plus beau scénario de vie par des affirmations positives et un imagier qui correspond à votre objectif atteint ;
2. ressentir la joie, le sentiment de plénitude, dans l'accomplissement merveilleux de vos souhaits.

Autrement dit :

1. votre objectif est atteint ;
2. vous ressentez une joie intense.

Il est souvent admis que la répétition de nos phrases affirmatives, *alias* nos mantras, trois fois par jour pendant trois semaines permet de reprogrammer notre subconscient, c'est-à-dire non seulement de remplacer nos pensées de doute et de peur par des pensées harmonieuses et joyeuses, mais surtout de nous replacer dans une dynamique vertueuse en accord avec nos belles aspirations. Bien sûr, le rythme de la transformation est différent pour chacun, certains peuvent accéder en une journée à leurs véritables souhaits et chasser leurs idées délétères à tout jamais, quand d'autres ont besoin d'un mois, peut-être d'une année pour transformer leur système de pensée.

Mais quand on est enlisé depuis des années, parfois des dizaines d'années, dans de sombres scénarios, qu'est-ce qu'attendre quelques semaines, quelques mois, pour obtenir un résultat ? Ou plus exactement, qu'est-ce que, non pas attendre, mais s'entraîner durant quelques semaines pour accéder au bien-être ? C'est peu pour un si beau résultat. Encore faut-il s'exercer chaque jour à dire et à ressentir ses mantras personnels. La clé la plus importante est le ressenti, et pour certains, c'est un jeu d'enfant de faire comme si l'objectif était déjà atteint et de se sentir très heureux ; pour d'autres, plus éloignés de leur ressenti, de leur capacité à se projeter dans le plus beau scénario de leur vie, il faudra s'entraîner davantage.

S'entraîner ! « Le secret de l'action, c'est de s'y mettre », disait le philosophe Alain. Alors oui, il faut se mettre à déclamer avec ferveur et à ressentir ce nouveau bonheur qui vient du cœur. Au début, cela fonctionne comme un leurre, dans la mesure où nous affirmons vrai un résultat opposé à celui que nous vivons. Le mental interfère souvent en disant quelque chose comme : « N'importe quoi, tu te racontes des histoires, tu affabules, redescends sur terre, rends-toi à la réalité... », ou des commentaires désobligeants, comme : « Tu es nulle, dans la famille, pour les femmes, c'est comme ça et pas autrement, l'argent ne fait pas le bonheur... »

Les affirmations positives, c'est à la fois très simple dans le principe – dire et ressentir –, et pas facile d'accepter de faire semblant, voire à l'extrême de ressentir un état que l'on n'a jamais connu. Se dire : « Je suis riche » quand on ne l'a jamais été, ou quand on est dans le rouge à la banque sans solution immédiate pour y remédier, est un mensonge, un non-sens pour le mental rationnel analytique, il faut bien l'avouer. Pourtant, force est de reconnaître que le processus fonctionne. Au début, on leurre le système par les affirmations positives jusqu'à ce qu'il accepte sans réserve la proposition, par conviction progressive, puis par abandon total, puisque la joie procurée par ce tableau idéal est on ne peut plus agréable.

Et vous, chère lectrice, cher lecteur, si tout était possible, comment serait votre vie dès aujourd'hui ? Quel serait votre mantra ?

Guidée par Céline, j'ai décrit ce soir-là mes aspirations profondes, j'ai osé rêver en grand, j'ai osé remettre en cause mes croyances limitantes et mes peurs, le temps d'une causerie pour laisser émerger comme un doux rêve ma vie idéale en dépit de ma vie d'aujourd'hui. J'ai osé me sentir légitime à être vraiment heureuse sur tous les plans et inconditionnellement. Et j'ai compris depuis, par la pratique des mantras, que c'était accessible à chacun de nous, quelle que soit notre histoire de vie. C'est pourquoi je souhaite vous partager mon expérience et vous inciter à écrire le plus beau scénario de votre vie, et à ressentir avec grand bonheur vos affirmations positives afin de vivre la plus belle version de votre vie.

Mes mantras sont devenus mes maîtres personnels, écrits au feutre de couleur sur papier blanc, ils ont les puissances des lettres blanches tracées à la craie sur le tableau noir de ma conscience :

« Je suis Anne-Charlotte Pascal, née le 29 novembre 1968,

Je suis qui je suis, j'aime qui je suis, je respecte qui je suis,

J'exprime avec force et humilité qui je suis,

J'incarne avec bonheur des rôles plein de douceur et de profondeur, pour le plus grand bonheur de mes spectateurs,

Je chante la beauté de la vie,

Ma vie est rythme, partage, rencontre,

Ma vie est rire, humour, amour,

Ma vie est bienveillance, conscience,

Ma vie est joie, paix et Lumière ! »

Ces mantras sont comme des rayons de soleil pour moi, ils illuminent mon cœur, et contiennent une puissance lumineuse qu'ils diffusent naturellement dans tout mon corps, de l'intérieur vers l'extérieur. Je ressens cette présence dans ma poitrine par sa vibration de lumière bienveillante et intense ; puis, petit à petit, parfois instantanément, je ressens tout mon corps s'apaiser, se détendre, comme si ma vie était transformée d'un coup. Le calme, la quiétude, la sécurité, la santé et le bonheur sont retrouvés, ou plus exactement, ils sont comme un état immanent reconnecté, comme si je n'avais jamais été que cela, et qu'après un mauvais rêve, je venais enfin de me réveiller, bercée par la douce vibration de mes mantras.

Sourire au coin des lèvres, sourire au coin des yeux, je perçois la joie qui est mienne, la joie pure et simple de mon cœur. « Heureux les simples d'esprit », disait Jésus. Je comprends mieux, à présent. Le mental complique, obscurcit les choses les plus belles et les plus simples. Mais pas le cœur. Je commence à percevoir combien, par mon cœur, je sais ce qui est le plus juste, le plus beau, ce qu'est l'harmonie pour les autres et pour moi ; en revanche, à chaque fois que j'écoute mon mental, c'est-à-dire mon « ego », ou encore mon « petit moi », qui a peur du jugement des autres, tout devient désagréable et compliqué, un sentiment d'oppression, de trahison, de rejet m'envahit, alors que mon cœur ne demande qu'à aimer et à être aimé. Finalement, je ressens comme un canal qui communique du haut vers le bas, et du bas vers le haut, un canal émotionnel, un canal au potentiel ascensionnel. À moi de choisir de m'élancer vers le haut, vers la lumière, et de renoncer à plonger vers le bas, les doutes, la peur, le recroquevillement sur moi-même. Et mes mantras, comme des maîtres, me guident vers la lumière, vers le céleste. Gratitude infinie. Mon cœur gonflé de bonheur n'a de cesse, dans cet instant, de partager largement cette révélation, cette aspiration vers la lumière.

Ce sentiment merveilleux de joie pure et simple du cœur est parfois bref, fugace, et même absent ; là aussi, je découvre que c'est un entraînement, une rééducation de mon esprit, jour après jour, pour lui apprendre à se reconnecter dans cet état de grâce. Car oui, j'éprouve un sentiment de grâce lorsque la douce vibration de mes mantras réveille en moi ma joie naturelle d'enfant de la vie, et réchauffe mon cœur au point de pouvoir partager cette chaleur avec mon entourage, tel un feu joyeux qui illumine et réchauffe tous ceux qui m'entourent, dans le partage et la communion.

Le partage et l'union résumés en un mot merveilleux : « amour ».

L'amour, peut-être le thème central de ma vie. De la vie.

Qu'aime-t-on partager, en vérité ? Avec qui ? Partage-t-on autant qu'on le souhaite avec ceux qui nous sont chers ? Que pourrait-on modifier pour partager davantage et nous sentir plus unis à ceux que nous aimons ?

Amoureuse

Je suis une amoureuse, avec un grand A, oui, je suis une Amoureuse, moi, la femme au cœur brisé, au cœur transplanté, j'ai toujours été une amoureuse, d'aussi loin que je me rappelle dans mon enfance. J'étais amoureuse de la vie, amoureuse de quelque chose, amoureuse de quelqu'un. Chaque matin, je me levais le cœur heureux d'aimer, et c'était même ce qui me faisait me lever aussi spontanément : vivre cette nouvelle journée pour vivre mon amour. Des amours platoniques, beaucoup d'amours platoniques gardées secrètes, et ce secret m'animait d'une grande joie et d'espoir. Joie de connaître le bonheur, d'avoir croisé le chemin de cet être merveilleux, et espoir de le croiser encore dans cette nouvelle journée. J'ai été amoureuse d'un garçon garagiste, en secret, pendant quatre ans ; il travaillait dans un garage qui était sur le chemin de l'école. Le simple espoir de le voir me transportait littéralement. Je le trouvais beau, et le fait de l'apercevoir embellissait ma journée, de surcroît si mon regard croisait le sien. À défaut de le croiser le matin, l'espoir m'animait jusqu'au soir de le voir, sur le chemin de retour.

Mon bonheur était simple et complet, j'étais une enfant gaie, vive, agile et amoureuse de la vie. Je souriais et l'existence me souriait tout simplement, des camarades de classe, des petits amis pour les premiers amours, pour les premiers baisers encore pleins d'innocence. Puis est arrivée l'adolescence avec ses amours timides, l'âge adulte avec ses amours tumultueuses, contagieuses, qui m'ont fait perdre confiance et spontanéité dans ma capacité à aimer. J'ai continué à aimer, bien sûr, puisque telle est ma nature, mais avec plus de méfiance, avec élan et retrait, ayant engrammé dans mes cellules l'idée que l'amour n'était pas si simple, et même potentiellement dangereux. Le rire est contagieux, dit le dicton populaire, tout comme l'amour est contagieux. Être au contact de gens heureux, amoureux de la vie, est contagieux et rend heureux ; mais moi, j'ai imprimé une autre version de cette contagion, *L'Amour dans le sang*, mon premier roman autobiographique[1].

À l'aube de mes cinquante ans, je comprends que cette peur, cette croyance contractée en une fraction de seconde à la lecture de ce courrier, compte rendu de bilan sanguin, dans ma dix-huitième année, a contrebalancé

1. *L'Amour dans le sang*, Paris, Cherche midi, 2005.

et même remplacé instantanément ma vision simple et pure de l'amour, comme si j'avais sous les yeux la preuve que l'amour était tout sauf ce que j'avais imaginé jusqu'alors. Je prends conscience, plus de trente années plus tard, que ma peur de disparaître, de mourir, a été si grande, que mon instinct de survie a remplacé ma croyance dans le Grand Amour par la solitude, une solitude de seize années, pas moins. Pourtant, le Grand Amour, pour moi, c'est d'une part l'amour du beau, l'amour de la vie, comme lorsque j'étais enfant, et d'autre part le Grand Amour avec un homme.

Chaque jour qui passe me fait gagner un peu en confiance en la vie, en confiance en l'amour ; je m'emploie à remplacer la peur du risque par la sécurité, cette sécurité qui a volé en éclats avec la liberté d'aimer dans l'intimité, il y a longtemps, toute jeune adulte que j'étais. Aujourd'hui, je conçois de pouvoir aimer pleinement et de me sentir en sécurité. Aimer mon bien-aimé à venir, mon prince charmant, celui que j'attends depuis si longtemps, l'aimer pour qui il est, et me sentir aimée pour qui je suis, libre d'exprimer mon amour pour la vie et pour lui en toute sérénité, en toute légitimité, parce que, je le répète, je suis née pour aimer et être aimée. Voilà ce à quoi j'aspire dorénavant.

Tel un virus informatique qui pénètre et ravage tout, la lecture du courrier a contaminé tout mon système de croyances bienheureuses dans la vie ; il m'a fallu reprogrammer ma capacité à aimer vraiment, en un laborieux nettoyage des logiciels contaminés. Je ne sais si le Reset est complet, mais j'en ai compris le principe : ajouter une option, un grade, à mon statut d'amoureuse. Cette option obligatoire à mon bonheur est celle de l'« âme heureuse ». Oui, j'aspire aujourd'hui à devenir une amoureuse à l'âme heureuse. Heureuse d'aimer la vie, heureuse de partager ce chemin de nettoyage, de balayage, de dépoussiérage des peurs qui recouvrent si souvent la surface immaculée de la beauté de la vie.

Automne 2020

L'automne est la saison du repli vers l'intérieur, alors que la sève descend et que la lumière et la chaleur extérieures diminuent. Par instinct, on rentre plus tôt dans son intérieur, son foyer, auprès du feu, pour se réchauffer, et peut-être à la lueur de la flamme pour tenter d'y voir plus clair dans son propre intérieur, d'éclairer le chemin parcouru, de réchauffer les émotions intériorisées, non sans une certaine nostalgie du temps passé, de ce bel été déjà consommé…

Au fil de mon âme

Le temps file, en années, en décennies. Au fil de l'histoire, j'ai perdu le fil. Au fil de l'histoire de la belle adolescente insouciante, devenue actrice auréolée de gloire, j'ai perdu le fil de ma propre histoire, comme le fil invisible mais si précieux des coutures qui relient toutes les parties d'un vêtement, ce fil invisible qui fait la solidité du vêtement par sa reliance et sa cohérence. Qu'une couture se délie à l'emmanchure, et il devient bien visible que la manche manquante met à nu le bras, alors plus fragile. Que la couture de la doublure se délie, bien qu'invisible, et cette protection intérieure manquante fragilise le confort intérieur. Ce vêtement enveloppant et protecteur est à l'image de mon âme qui, par son fil invisible mais si précieux, relie toutes les parties de mon corps, tous mes organes les uns aux autres, toutes mes cellules entre elles, toutes mes émotions et mes aspirations, toutes mes inspirations et mes expirations.

Il me semble que ce fil invisible aux yeux est précieux pour me sentir reliée aux cieux. Il me semble aussi que ce fil invisible de mon âme est extensible pour me laisser une liberté infinie : liberté de devenir actrice plutôt que de poursuivre mes études et devenir assistante sociale ou inspectrice de police, liberté qui a rimé avec facilité en interprétant des rôles, plutôt qu'en persévérant dans les mathématiques, liberté de me lever à l'heure que je voulais plutôt que de suivre un rythme scolaire contraignant en horaires. J'ai usé, et peut-être abusé, de mon libre arbitre pour vivre la liberté à ma façon et j'ai finalement l'impression d'être prisonnière de cette liberté que j'ai déroulée à mon gré et qui m'a éloignée de celle que j'étais au commencement.

Au commencement était « Anne-Charlotte Pascal, née le 29 novembre 1968 », devenue au fil de l'histoire « Charlotte Valandrey ». Au commencement était une petite fille : « Anne-Charlotte », vive et pétillante, devenue une actrice célèbre du haut de ses seize ans. Au fil de l'histoire, l'adolescente ajoutant à son histoire personnelle le titre d'actrice, a soustrait à son nom une partie de son prénom sous l'impulsion de Vera Belmont pour son film *Rouge baiser*. « Charlotte », c'est plus court, c'est plus glamour ! « Valandrey », c'est plus coquet, c'est fait pour rêver !

L'âme est douce et s'adapte à beaucoup de scénarios, charge à nous de nous rappeler les imbroglios que nous avons nous-même créés. Prénom de naissance, surnom de complaisance, jusqu'à l'oubli ou au déni. Anne-Charlotte, c'est élégant mais aussi un peu guindé selon moi, trop dans la lignée parentale quelque peu bourgeoise ; ça me plaisait donc de passer à « Charlotte », plus doux, plus accessible, me semblait-il. Aujourd'hui encore, je suis très habituée à mon nom d'actrice et mon esprit reste engourdi à celui d'Anne-Charlotte que j'aime pourtant aussi. Mon âme est douce, pareille à la nature de toutes les âmes, et par sa douceur, elle m'a laissé expérimenter avec bonheur les honneurs, puis avec stupeur la descente dans l'abîme de mes peurs. Ma douce âme est aussi bienveillante et m'a susurré bien des fois, à travers des voix aimantes, le chemin pour revenir à moi. Ainsi, les médecins, les thérapeutes ont toujours noté sur mes fiches et dossiers médicaux mon prénom de baptême, « Anne-Charlotte », et mon nom de famille, « Pascal », à l'identique de mon état civil.

Se soigner, se faire soigner, prendre soin de soi passe par un retour à soi, au soi véritable, en dehors des strass et des paillettes, un retour à la réalité de départ, au concret, au tangible ; il est écrit sur mon acte de naissance « Anne-Charlotte Pascal », un point c'est tout. La voix de certains thérapeutes me l'a suggéré sans pour autant me l'imposer ; et ces dernières années, j'ai commencé à écouter cette proposition qui consisterait à me réconcilier avec moi-même, notamment avec mon identité patronymique dans le cercle privé, tout en conservant mon nom de scène, Charlotte Valandrey, pour mon travail.

À l'été 2020, Céline, praticienne de shiatsu, m'interpelle de nouveau sur mon prénom, prénom composé, et en particulier sur l'union que forment les deux prénoms « Anne » et « Charlotte ». Le prénom est une vibration, un vers, un poème, une chanson à lui tout seul. Le trait d'union porte bien son nom et ne peut être plus explicite : il relie, et marque l'union entre les deux prénoms. Céline me conte à sa façon les enseignements de la médecine sumérienne qui prend soin du lien entre le corps et l'âme. Il se trouve justement que l'étymologie sumérienne du mot « âme » est *an* ou *anou*, qui personnifie le dieu du ciel, le céleste, transcrit par « Anne » en langue française. Et si, en délaissant la première moitié de mon prénom composé, j'avais tout simplement délaissé mon âme ? Délaissé, chemin faisant, la profondeur de qui je suis pour faire plus court et plus glamour en tête d'affiche, en acceptant la suggestion de la productrice ? Pour simplifier la communication en tant qu'actrice, j'ai complexifié la communication avec moi-même : pour garder l'unité de qui je suis, il m'aurait fallu dissocier mon nom de scène de mon nom de naissance et, bien sûr, c'est un peu complexe d'être nommée de deux façons différentes quand on n'y est pas vraiment préparé. Ou plutôt quand on fait le choix de la facilité pour exprimer sa liberté. Oui, j'aimais, et j'aime toujours, être appelée « Charlotte » dans l'intimité, et « Charlotte Valandrey » à l'extérieur pour la notoriété ; ce prénom et ce nouveau nom résumaient qui j'étais désormais, comme si j'avais accédé au Graal de ma personnalité. Un point c'est tout.

Et non, ce n'est pas tout, car au commencement, il y avait « Anne-Charlotte Pascal ». Comme à l'aide d'un fil d'Ariane, je peux remonter à mes origines, fille de Jean-Pierre Pascal et d'Anne-Marie, et donc à mon identité de naissance. Ariane, dans la mythologie grecque, confectionne et confie un fil à Thésée, son bien-aimé, pour lui permettre de retrouver son chemin dans le labyrinthe après avoir combattu le Minotaure. Symboliquement, ce fil lui permet en fait de revenir à ses origines. Le fil de mon âme est inscrit dans mon prénom de naissance de façon indélébile et bien visible : pour me rappeler mon identité originelle quoi qu'il arrive, en particulier dans l'avènement d'une carrière d'actrice avec le choix d'un pseudonyme pour ce travail. Ma priorité était, ou aurait dû être, de préserver mon identité dans mon intimité avec mes proches, ma famille, mes amis, c'est-à-dire de conserver mon prénom « Anne-Charlotte » pour bien me rappeler que je suis d'abord « Anne-Charlotte », et que « Charlotte Valandrey » n'est que mon nom de scène, un simple outil pour mon travail ; le pseudonyme permet avant tout de rester dans la discrétion, voire l'anonymat, dans la vie de tous les jours (anonymat relatif, selon la célébrité évidemment). Dans la joie, dans l'euphorie, et la vitesse de propulsion, j'ai amalgamé mon identité d'actrice à mon identité de naissance ; l'amalgame a recouvert la structure de base ; tout doré qu'il était, il a presque étouffé la structure naturelle de mon essence profonde ; devenue jeune première, j'ai recouvert mon essence première, sans en prendre conscience, envoûtée par la facilité du succès qui menait à ma liberté.

Tel Thésée sauvé par le fil d'Ariane, je me saisis aujourd'hui de mon fil, je me relie à mon âme grâce à la connexion avec la nature, la nage, le yoga. Et je remonte le fil, je rembobine la pellicule, je revisite les scènes à l'envers, je dénoue les imbroglios que j'avais moi-même tramés, je me rapproche au plus près de qui j'étais avant de me perdre dans le labyrinthe, avant d'amalgamer ma notoriété à mon identité. Aujourd'hui, j'aime de plus en plus entendre mon prénom composé prononcé par mes proches, qui me rapprochent ainsi de qui je suis, et qui me rappellent au commencement de cette belle histoire !

Au commencement était « Anne-Charlotte Pascal » ! Et je me dois d'honorer pleinement ce joli commencement ! Au commencement était Anne-Charlotte, cette petite fille joyeuse, rieuse, amoureuse de la vie sans même le savoir, aimant être auprès de ses parents, aimant tout particulièrement retrouver ses amis, cousins et cousines, et jouer avec eux. Tout était facile, apprendre à l'école était un jeu d'enfant, rire avec les copains était un vrai délice de l'enfance, puis de l'adolescence.

La vie se déroule tout simplement, jour après jour, et c'est bien ainsi, c'est beau aussi. « C'est beau la vie », comme dit la chanson. Puis il m'a semblé qu'au loin, le ciel s'assombrissait, qu'un orage se préparait. À l'intérieur de moi, j'entendais les paroles d'une autre chanson : « C'est trop beau pour être vrai. »

C'est trop beau pour…

« C'est trop beau pour être vrai ! C'est trop beau pour durer ! » Petite phrase anodine, en apparence, petite phrase assassine, de toute évidence.

Je repense à la remise du prix de la meilleure actrice, l'Ours d'argent à Berlin, premier prix pour Charlotte Valandrey ! Le succès, la gloire, et cette phrase qui martèle mes tempes : « C'est trop beau, ça pue ! » Je souris, je suis radieuse, heureuse, du moins j'en ai l'air, mais en fait, je ne savoure pas sereinement cette magnifique récompense, je suis comme paralysée en mon for intérieur par cette petite voix qui me répète encore et encore cette phrase : « C'est trop beau, il y a une merde derrière », comme si c'était une équation inévitable. Un bonheur implique un malheur à venir, et qui plus est, un grand bonheur entraîne un grand malheur à venir. Je souris, mais j'ai surtout la sensation de donner le change, malgré cette voix retentissante qui, comme une migraine, pulse dans ma tête. Je donne le change :

qui pourrait comprendre que je sois inquiète ou triste le jour de la remise d'un prix si prestigieux pour une jeune actrice de seize ans qui a commencé sa carrière seulement quelques mois auparavant ? C'est si merveilleux ! Je fais donc comme si tout allait bien puisque en apparence, tout va bien. Et puis c'est mon nouveau métier de jouer un rôle, alors pourquoi pas le rôle de celle à qui tout sourit, et pour la vie ? Ce rôle, « Je vais bien, tout va bien », je l'interpréterai pendant des années pour masquer ma maladie, ma fatigue, mes doutes, faire comme si tout était OK, comme si tout était idéal, sourire, être belle. « Sois belle et tais-toi… »

Finalement, ce rôle deviendra une seconde nature pour devenir un vêtement qui me colle à la peau, parce que j'ai d'abord choisi de le revêtir, puis parce que je suis devenue incapable de m'en séparer, de retirer cette couche de protection, comme un vieil imperméable qui me coupe de mes émotions, qui m'empêche de ressentir en mon cœur mes élans de tristesse, de colère, de culpabilité, de rancœur emprisonnées. Comme après un songe, ou plutôt un mauvais rêve, j'ai la sensation de me réveiller à cinquante-deux ans et de comprendre combien cette phrase a marqué d'une empreinte forte les trente dernières années de ma vie. Elle signifiait pour moi : « Tu n'as pas le droit à ce bonheur car tu ne le mérites pas ! »

Cette empreinte forte avait été entérinée à mes dix-huit ans à la lecture du bilan sanguin qui annonçait ma séropositivité, la preuve qu'après un grand bonheur – les honneurs de Berlin – vient un grand malheur, comme un coup de hache, l'annonce du VIH qui m'arrache brutalement de mes rêves dorés. Grand écart entre le prix de Berlin et la séropositivité, comme écartelée...

Empreinte forte, certes, mais délébile. Je détricote désormais ce maillage de croyances aux saveurs judéo-chrétiennes, le bien *versus* le mal, le paradis *versus* l'enfer, la lumière *versus* l'ombre, le mérite *versus* l'imposture, travailler dur pour mériter... Ces saveurs bien marquées qui bouleversent soudain mon insouciance dans l'adolescence. Ces saveurs, que certains appellent des valeurs, viennent entrechoquer le caractère spontané de mon talent jusqu'à insoupçonné, tout juste émergent, avec lequel je m'amuse à me découvrir actrice. C'est si facile d'interpréter, si simple, la vie est un jeu, un pur bonheur. C'est ce que je croyais jusqu'à mes seize ans ; mais la petite voix me murmure déjà : « Sans travail, sans sueur ni labeur, ça compte pour du beurre dans les saveurs judéo-chrétiennes ! » Je n'ai donc pas le droit légitime d'en faire un métier ? « Pour un métier, il faudrait justifier d'un travail, d'une formation cinématographique, d'une école de théâtre au moins... » J'ai traîné ainsi une forme de culpabilité lancinante toute l'année qui a suivi vis-à-vis de la sœur de mon amie passionnée de cinéma, qui désirait en faire son métier, et qui n'a pas été sélectionnée pour ce casting, alors que moi, ayant envoyé ma photo par jeu, j'ai décroché le rôle et été primée.

Stop, la petite voix ! Ça, c'était il y a plus de trente ans ; depuis, j'ai beaucoup travaillé comme actrice, avec ardeur, j'ai appris de chaque rôle, j'ai appris beaucoup par moi-même, « sur le tas » comme on dit, et j'ai poursuivi ma route d'actrice avec ferveur et passion. Depuis, surtout, j'ai compris combien nos pensées fabriquent notre réalité. Et j'assume ma réalité : enfant, je rêvais d'un conte de fées, et il est arrivé ! Ado, j'ai nourri des peurs qui ont brisé mon cœur ! Aujourd'hui, la femme que je suis devenue aspire à la douceur, à la sérénité, et le bonheur s'installe dans ma vie. J'ai récemment fait le choix de remplacer cette petite phrase, anodine en apparence, par une phrase choisie en conscience : « C'est tellement beau que c'est fait pour durer ! » Et ça change tout, ça simplifie tout.

Le préalable est d'avoir démasqué ses peurs car s'il reste ne serait-ce qu'une peur unique cachée dans les entrailles, celle-ci est semblable à un Alien qui dévore de l'intérieur la moindre parcelle d'optimisme remis au crédit de votre harmonie. Vous aurez beau manger sainement, faire du yoga, de la méditation, réciter des phrases positives, lire des livres inspirants, la progression vers la paix intérieure sera plutôt lente. Tant que cette peur vous ronge insidieusement, vous serez en débit de votre vie. La peur est un état de survie face à un danger réel ou, le plus souvent, potentiel, imaginaire, fantasmé. L'objectif est donc d'aller démasquer le fantôme imaginaire que l'on croit bien réel, puisque notre mental s'efforce de nous le prouver, par des arguments « rationnels ». Parmi mes fantômes masqués figurent notamment la peur de manquer et la peur de l'échec.

Tout concept a deux facettes : la réussite et l'échec sont donc les deux aspects d'une même pièce, celle d'un résultat selon des critères établis soit par la société soit par soi-même ; la société – les autres, l'extérieur – ou soi – l'intérieur – juge le résultat à l'aune de sa grille de lecture. En élargissant le concept, j'ai transformé mon rapport à ma peur de l'échec : j'ai accepté l'idée que, sur mon parcours, je rencontrerais des « échecs » et que je les intégrerais comme une expérience et non comme une dévalorisation, punition ou petite mort. J'ai accepté l'idée que les « échecs » sont inévitables puisqu'ils sont inhérents à la réussite ; j'ai accepté de regarder ces « échecs » comme un maillon d'une chaîne qui me rapproche de qui je suis. La notion d'échec a ainsi changé de valeur à mes yeux. L'échec, c'est la version brouillon de mes aspirations. On m'a dit un jour : « Ne faut-il pas plusieurs brouillons pour arriver à un chef d'œuvre ? »

J'aime l'idée que ces seize années passées ont été autant d'occasions renouvelées de m'adonner à de nombreux brouillons avant l'avènement du chef-d'œuvre de ma vie. Il me semble avoir vécu une longue préparation, à travers ces années de « bas » et de célibat, qui me donne l'impression d'être de nouveau vierge, épurée des affres du passé, prête à colorer de nouveau la page immaculée de ma vie de femme et à danser la joie d'être aimée. Les artistes peintres travaillent souvent sur de nombreux brouillons, essais qui seront transformés plus tard en chef-d'œuvre ; de même, les danseurs répètent les gestes des heures et des heures durant avant d'accomplir avec une grâce parfaite leur enchaînement. Sans avoir la prétention de la perfection, je ressens l'accomplissement plus gracieux et plus serein qui se dessine dans ma vie.

L'expérience de la répétition, avec son lot d'échecs, d'inconforts et d'insatisfactions, n'est peut-être pas agréable, mais c'est probablement celle qui me ressemble le plus dans l'instant présent, et me permet de me rassembler, c'est-à-dire de me souvenir qui je suis, grâce à ce qui m'émeut agréablement ou pas, et grâce à ce qui me met en mouvement. Ce qui me met en mouvement, c'est précisément mon métier, la joie de partager mes émotions avec mon public à travers des rôles drôles et sensibles, doux et émouvants. Alors oui, je réaffirme haut et fort : « C'est tellement beau que c'est fait pour durer ! » C'est une évidence si simple et belle que je n'ai pas osé, à l'époque, la revendiquer comme étant ma liberté d'exister pour ce que je suis, toute jeune que j'étais, encore malléable et perméable aux croyances populaires, culturelles, familiales, du bien et du mal. Mais les enfants ont le cœur pur et ils savent l'essentiel de façon naturelle et intuitive, car leur mental n'a pas encore dressé les filtres de ce qui est bien et de ce qui est mal. Ainsi, je savais que ce métier me mettait vraiment en joie, que j'étais douée pour interpréter des rôles, que j'avais reçu un don de la bonne fée qui s'était penchée sur mon berceau. À moi de l'utiliser maintenant, de l'honorer généreusement : jouer, interpréter, partager... Que c'est beau d'avoir reçu ce don.

Puisque c'est un don, c'est fait pour durer, évidemment !

Je souris, heureuse de me sentir enfin reconnectée à ma vie, à l'énergie de mes seize ans.

Hiver 2020-2021

L'hiver, la saison la plus froide, la plus hostile, inconsciemment liée à la peur de disparaître, d'être balayé, anéanti, ressurgit. Se replier sur soi, se faire tout petit pour ne pas être vu, disparaître du champ de l'agresseur imaginaire, et concentrer ses forces pour faire face, le cas échéant. L'hiver est propice au questionnement, à l'introspection, il nous laisse face à nos peurs existentielles. Et au creux de l'hiver, n'ayant pas grand-chose à faire, un peu repliée sur moi, j'explore malgré moi mes peurs ; elles sont multiples, et elles, au moins, elles ne doivent pas s'ennuyer, elles se tiennent compagnie, et s'entretiennent les unes les autres.

Peur de manquer

De quoi ai-je peur ?

« Peur de manquer » est la réponse qui me vient spontanément. J'ai peur de manquer d'argent, donc de ressources. Cette peur de manquer de biens matériels en cache en fait une autre bien plus profonde : la « peur de manquer » doit être précisée comme la « peur de manquer mon but dans la vie, par manque de ressources personnelles (et non de ressources alimentaires, financières, etc.) ». Ces mots me bouleversent, ils énoncent et articulent ma vérité profonde sur mes peurs. « Manquer mon but, manquer de ressources intérieures, intrinsèques… » Je conçois l'énormité de cette peur, qui est aussi une ineptie totale. Comment pourrais-je manquer de moi-même puisque je suis moi-même ? Il y a comme un leurre dans le système que j'ai mis en place : moi-même ! Je le comprends un peu, un peu seulement, car je sens bien que je suis vite rattrapée par la toute première peur, celle de manquer matériellement, comme si mon mental me disait : « Arrête de te raconter des histoires et de philosopher, tu vois bien que, sans argent, tu ne peux pas vivre décemment, et quitte à ne pas vivre décemment, alors quitte cette vie ! » Je perçois bien que je dois creuser encore cette idée, cette sensation du manque, essayer d'y voir plus clair.

Bien sûr, j'ai peur de manquer de quoi vivre, si je venais à ne plus travailler ; peur si commune à tant de personnes quels que soient le milieu social, la profession, le style de vie, les revenus et les héritages. Cette peur de perdre les acquis, les biens matériels, est d'autant plus abyssale que ces derniers sont importants : évidemment lorsque l'on a moins à perdre, la crainte est moins grande, pour la majorité des personnes. Pas toutes cependant. Je l'ai découvert dans ma vie d'adulte chanceuse d'exercer un métier très rémunérateur. Bien sûr, en général, plus on a, plus on dépense. Très facile. On ne se rend même pas vraiment compte que l'on dépense beaucoup, voire beaucoup trop par moments. Pendant des années, j'ai connu une période d'achats compulsifs durant laquelle j'ai comblé mon vide existentiel intérieur par tous ces biens matériels extérieurs, j'ai dilué mon incertitude par l'assurance de mon pouvoir d'achat, j'ai plongé dans l'addiction à l'achat compulsif comme on plonge dans un pot de Nutella, par une envie irrésistible, facilement accessible, comblée par le délice de ce goût doucereux jusqu'à l'écœurement et le dégoût de soi.

La peur de manquer surgit plus ou moins consciemment : la peur qu'un gouffre se creuse dans cette montagne dorée, comme un cratère, ou que des mines ou des galeries viennent fragiliser la stabilité du roc de fortune, jusqu'à ce que ce roc s'effrite et s'effondre. Cette peur de manquer m'est apparue aussi, avant même que la moindre galerie ne soit amorcée et ait commencé à grignoter la montagne. Dans ce cas, la peur qui fissure la montagne avant même la première dépense, monnaie sonnante et trébuchante, a été pour moi la peur de « l'imposteur », la peur d'être démasquée, comme si je ne méritais pas le sommet de cette montagne et toute la richesse déposée à son pied, à mes propres pieds. Moi, issue d'une famille plutôt modeste par rapport à la branche familiale paternelle, j'étais habituée aux dépenses simples et courantes du quotidien pour me nourrir, me loger, m'habiller. Sans en avoir conscience à cette époque de mon enfance et de mon adolescence, je savais intuitivement que le bonheur était avant tout dans le partage des petites choses de la vie, comme jouer et rire avec mes copines, mes camarades, aller à mon cours de danse avec ma professeure que j'affectionnais tant, avoir un nouveau pantalon de chez Pantashop, véritable trésor qui me procurait un mélange de bonheur, d'aisance, de fierté et d'unicité. Jeune adulte gagnant très bien ma vie, j'ai d'ailleurs continué à m'habiller chez Promod, par exemple, et dans ce même type d'enseignes. D'abord parce que j'y étais habituée, c'était ma référence – ma mère ne dépensait rien et n'hésitait pas à faire le tour du quartier pour économiser cinq centimes –, mais aussi parce que, au fond de moi, j'avais revêtu le costume d'un imposteur qui ne méritait pas mieux. J'endossais des habits humbles, moi dont l'ego gonflait, pourtant depuis des années, moi qui rêvais de rôles prestigieux et de reconnaissance dans le monde cinématographique.

Dans le même temps, j'étais de plus en plus effrayée, voire terrorisée, par la chute potentielle qui accompagne l'ascension. J'étais arrivée à un sommet avec le sentiment de ne pourtant pas mériter cette récompense, n'ayant pas travaillé aussi dur que certains autres jeunes acteurs, n'étant pas issue du milieu du cinéma. En parallèle, j'aspirais à gravir encore les échelons et à poursuivre ma carrière à travers d'autres rôles. Une espèce de grand écart intérieur/extérieur, où chacune des polarités intérieur/extérieur est redoublée d'une ambivalence. Mon intériorité criait : « Vas-y, continue, tu es la meilleure », mais aussi : « Tu ne mérites pas, tout cela est trop beau pour être vrai », tandis que ma vie extérieure m'offrait ces fastes revenus, ces dîners, ces représentations, mais aussi une apparence modeste avec des vêtements choisis comme l'adolescente insouciante et joyeuse les choisissait dans les boutiques de prêt-à-porter.

L'ego, donc, au cœur du sujet. Mon ego qui a peur de l'échec, finalement bien plus que de manquer. J'ai eu peur de cet échec total, d'être rejetée, de ne plus avoir la possibilité de jouer, de ne plus pouvoir exprimer mes talents naturels d'actrice. Je ressens une grande frustration à l'idée de ne pas faire ce que je sais faire, ce que j'ai appris depuis mes seize ans, ce que j'aime par-dessus tout, ce pour quoi je suis là.

Je comprends de mieux en mieux ma peur nourrie toutes ces années durant. « Peur de manquer, manquer mon but… d'être actrice… par manque de ressources personnelles. » Mes ressources personnelles sont mes talents et aptitudes innés, mes dons, mes envies, mes aspirations, mes joies, mon énergie, ma spontanéité, mon entrain naturel, mon envie de vivre, mon aspiration pour le beau, pour la lumière et pour l'amour. Il est de mon devoir et de ma responsabilité de prendre soin de moi physiquement et psychiquement pour exprimer en toute confiance qui je suis, pour exprimer ces talents innés et développés par le travail. Moi seule ai le choix et la possibilité de me nourrir d'aliments sains, de nourrir de façon juste mon esprit par des lectures inspirantes, par des pratiques vertueuses comme la marche méditative dans la nature, le chant, les créations artistiques et le partage heureux avec mes proches bien-aimés. Pour cela, je comprends de mieux en mieux qu'il m'est nécessaire d'abandonner mes griefs de tous ordres et de choisir le meilleur. Abandonner les griefs de tous ordres, c'est cesser de critiquer le monde extérieur, cesser d'accuser les autres ou les circonstances. En somme, c'est prendre la pleine responsabilité du chemin parcouru, de ce qui en a résulté ; c'est aussi cesser la culpabilité qui n'est autre que la critique de soi, à la place – ou le plus souvent en plus – de la critique du monde extérieur. Bref, je choisis de cesser de ronger mon frein, de râler et d'accuser, de regretter. Je choisis de faire confiance à la vie, je choisis la douceur, le bonheur !

Je répète encore et encore mes mantras comme une invitation au bonheur, à la douceur de vivre, le meilleur pour moi et pour les autres. Mes mantras sont ma projection dans mon bonheur à venir, je les récite comme un texte appris pour le travail avec application et émotion, je déclame à voix haute ce que mon âme me murmure à voix basse, je vis ici et maintenant la projection du beau scénario de ma vie comme si l'objectif était déjà atteint, j'imagine et je ressens en particulier la présence de mon partenaire idéal.

« Je suis Anne-Charlotte Pascal, née le 29 novembre 1968,

Je suis sereine, je suis calme et centrée,

Ma vie est riche, richesse financière, richesse de partage avec mes amis, mon chéri, ma famille, mes partenaires de travail, mes fans, mes voisins, et avec toutes les nouvelles personnes sur mon chemin,

Ma vie est douceur,

Ma vie est rythme, partage, rencontre,

Ma vie est rire, humour, amour,

Ma vie est bienveillance, conscience,

Ma vie est joie, paix, lumière et harmonie.

Je suis qui je suis, je respecte qui je suis, j'exprime avec force et humilité qui je suis,

Je suis intelligente avec mon cœur et avec ma tête.

Je joue des rôles riches et enrichissants, épanouissants, drôles, doux, profonds et tendres avec une équipe bienveillante, pour le plus grand bonheur de ceux qui me regardent,

Je rayonne qui je suis, au travers de rôles parfaits pour moi, et avec des partenaires qui m'autorisent à exprimer mes talents naturels avec authenticité.

Et je remercie le Ciel qui me guide,

Je remercie la terre qui me porte,

Je remercie toutes les présences invisibles qui veillent sur moi,

Je remercie toutes celles et tous ceux qui me nourrissent tant sur le plan physique que psychique,

Je me remercie pour ce temps de présence en conscience,

Et je garde en moi ces qualités d'harmonie, de bienveillance, de paix, d'amour et de lumière pour moi et pour les autres. »

Ces mantras sont très apaisants. Quand je les prononce, ma sensation se rapproche de celle que j'éprouve lorsque je nage, lorsque mon corps est porté par l'eau. Ainsi, mon esprit est porté par ces mantras.

L'eau, adaptabilité, force et souplesse

L'eau me manque. Pendant des mois, les piscines ont été fermées avec l'arrivée du coronavirus en France. Je n'ai pas nagé depuis le premier confinement. Plus que la natation, c'est l'eau qui me manque, l'eau, si précieuse à la vie et précieuse à ma vie. Nager, me sentir portée et apaisée par l'eau, cela était devenu un rituel, deux à trois fois par semaine, un rituel auquel j'étais vraiment assidue, rituel précieux et prioritaire pour mon équilibre encore vacillant. C'était plus qu'un choix, moins qu'une contrainte, plutôt une évidence de prendre le temps, de rassembler mon énergie pour traverser Paris. Une demi-heure de taxi à l'aller, puis une petite demi-heure de métro au retour. Ce temps de trajet était un peu comme un sas de décompression, dans lequel je me préparais à me laisser aller dans les bras de la source mère, eau bienfaitrice et bienveillante ; et au retour, je laissais infuser tout l'amour que j'avais reçu, presque à mon insu. Pressée de pouvoir enfin me renouveler au contact de l'eau, de régénérer mon énergie, comme si cette eau de piscine me permettait d'évacuer les eaux usées de mes émotions, accumulées depuis la dernière séance, je choisissais de m'offrir un taxi pour arriver plus vite dans mon bain bienfaiteur.

Au retour, ressourcée par cette heure de natation, j'avais l'énergie et la sérénité pour faire corps avec le flot du métro, qui peut-être me rappelait un peu les flots dans lesquels il m'était si doux de me sentir une avec l'eau, de me sentir en osmose, ou de disparaître dans l'anonymat de la foule. Cela me semblait tout aussi bon, tout aussi naturel, presque tout aussi apaisant, d'autant que j'aime naturellement me déplacer en métro, y observer les gens et tenter de leur décrocher un sourire, au moins en déceler l'esquisse, chose peu aisée avec les visages masqués et les regards plongés dans l'écran des téléphones. Ce constat m'attriste, j'aimerais tant diffuser un peu de bonheur y compris ici, dans l'anonymat de la foule du métro, j'aimerais tant avoir la sensation de transmettre l'espoir d'une vie meilleure.

La sensation d'osmose avec l'eau, et d'osmose avec moi-même, cette sensation de bien-être, de paix, d'unicité quand je nage est indescriptible. Dans l'eau, il me semble à la fois disparaître et renaître. Je disparais de la surface terrestre pour plonger, m'immerger dans les profondeurs jusqu'à ne plus ressembler qu'à un petit point, vue de tout en haut ; je disparais du spectacle extérieur et je disparais en apparence. Mais au plus profond de mon plongeon, je renais, comme nettoyée, lavée de tout tourment, mon corps et mon esprit sont comme allégés, libérés, fondus et confondus avec le corps et l'esprit de l'eau dans ce grand bassin ; l'eau de ce bain, tel un baptême, me purifie et me reconnecte à la source de la vie, l'eau me reconnecte à ma source, me reconnecte à ma vie.

L'eau m'a tant manqué… Plusieurs mois sans nager, sans ressentir l'apaisement à son contact. L'eau m'a manqué, sa force et sa souplesse m'ont manqué. Sa force qui donne la vie à tous les êtres vivants, dont les humains, quelle puissance ! Puissance de vie et de mort : la vie est supprimée par le manque d'eau, déshydratée, desséchée. Mais la vie est dévastée par trop d'eau, des plantes trop arrosées, des terres inondées, une fonction rénale débordée par trop de liquide, tout est emporté par la déferlante du tsunami. Je perçois alors la voie du « juste milieu », ni trop ni trop peu. La souplesse et l'adaptabilité, pour osciller entre ces deux extrêmes néfastes à la vie, sont les conditions à la vie dans l'harmonie.

Je me sens proche de la nature de l'eau, forte pour le meilleur et pour le pire, en quête de l'adaptabilité juste pour onduler dans ma vie, me laisser porter par le courant de l'existence avec souplesse, tout en maintenant avec force l'effort qui doit être le mien, reconnectée à qui je suis, à mes ressentis, afin de garder le cap et de me diriger vers mon bel horizon. Je me sens forte comme l'eau lorsque je déborde d'entrain et redouble d'efforts dans le travail, pour traverser Paris ou aller nager alors que je suis exténuée. Je me sens adaptable comme l'eau qui épouse tranquillement les contours de ce bassin de piscine, l'eau qui n'a pas de forme et qui se déforme selon son contenant ou bien se répand. Combien de fois ai-je expérimenté cette adaptation dans ma vie personnelle et professionnelle, jusqu'à la déformation ? Trop souvent, d'abord par souci d'écoute et de compréhension de l'autre, je me suis adaptée à cet autre que j'aimais, que ce fussent mes bien-aimés ou mon travail bien-aimé. Je me suis adaptée aux propositions car c'est naturel pour moi, c'est facile, j'écoute et j'entends ses aspirations profondes, je m'y fonds comme pour lui dire combien je l'ai ressenti, compris. Et par mon osmose avec lui je lui dis mon amour, je lui donne une preuve d'amour.

Mais cette attitude peut me mener au désamour de moi-même, lorsque je m'adapte tant et tant à des propositions, des situations d'énergie contraire à ma propre énergie. Je deviens alors placide, figée, comme inerte, morte, je suis une eau sans vie faute de mouvement, faute de mon mouvement inhérent, et je dois être remise en mouvement pour revenir à la vie, pour revenir à ma vie. Parfois cette remise en mouvement a été lente, parfois elle a été brutale comme un soubresaut, pareille à un réveil, où l'eau endormie se transforme en tsunami, nettoyant de manière intempestive les récifs de ma vie, condition *sine qua non* du retour à soi, du retour à moi, animée et équanime. Faute d'avoir pu nager, je ressens maintenant ce besoin de mouvement ; je me suis adaptée au contexte sociétal, aux piscines fermées, je n'ai pas nagé, j'ai cru que c'était facile puisque je me suis adaptée, après avoir quitté Paris pour ma Bretagne chérie en cette mi-mars 2020. Mais ce qui est facile pour moi peut devenir difficile, pesant, faute de changement. Alors je me remets en mouvement.

C'est précisément cette phase que je vis, que je traverse en solitaire ou presque. Je nage à contre-courant des habitudes prises ces trente dernières années, et je redécouvre le bonheur de me laisser porter par le courant de la vie, je me laisse inspirer avec souplesse par ce qui est bon pour moi, la nage, la proximité de la nature, la marche méditative, le chant, le yoga, toutes ces pratiques qui m'apportent un meilleur équilibre et une plus grande sérénité. Je découvre la réconciliation de ma force intérieure et de ma sensibilité ; je découvre que la force n'est pas la rigidité, pas plus que la souplesse ne s'apparente à la mollesse ou à la faiblesse. Je découvre la joie d'expérimenter ma force à travers ma faculté d'adaptabilité ; ma force est celle de vouloir accomplir ma destinée de femme et d'actrice, quelles que soient les épreuves à surmonter.

Je me sens ressourcée bien que la natation m'ait manqué cette année, je me sens plus que jamais prête à me reconnecter plus intimement encore avec qui je suis et à me réconcilier avec moi-même. Fermeté et souplesse forment ma nouvelle alliance. Je suis bien décidée à exprimer avec force et humilité toute ma sensibilité. Je sens que je peux être en paix désormais, comme si, au cours de toutes ces séances de natation, l'eau avait apaisé un peu le feu de mon cœur tourmenté. L'eau me manque, mon cœur un peu apaisé a encore besoin de soin, comme on rafraîchit un vêtement un peu froissé. Froissé, doux euphémisme pour la blessée que j'ai été… Tout cela appartient au passé. Rafraîchie, doux euphémisme pour rajeunie, ce que je suis aujourd'hui. Grâce à la natation, à la marche, au yoga, mon corps est de nouveau agile, souple, et mon humeur, plus joyeuse, plus sereine. Par la grâce de l'eau, je me sens bénie d'être qui je suis.

Peur de la routine

Pour certains, la tranquillité de la régularité est rassurante, comme une pièce dans laquelle chaque chose déplacée est remise consciencieusement à sa place et dans un ordre précis, selon une routine bien huilée où chaque journée est un copié-collé de la veille. Pour ma part, si j'aspire à cette douce mesure qui me rassure, je me sens paradoxalement usée par un rythme trop lent.

Ainsi, j'ai peur de la routine dans le couple et dans le travail, j'ai peur de la routine en général ; les habitudes, d'abord rassurantes, m'endorment, m'anesthésient. Je sens bien que je dois être créatrice de mon mouvement, de mon rythme, parfois lent, languissant, parfois très dansant, et ne pas me laisser entraîner dans une routine qui rime pour moi avec monotonie. Actrice et créatrice, je me sens l'âme créative, je ne vis bien que dans le renouveau des émotions, d'impulsions dynamiques et dynamisantes. J'aime à ressentir les vibrations variées de la vie, les variations de rythme dans la voix, dans les pas, un peu comme un jeu de scène passant du rire aux larmes, de la douceur à la mélancolie. N'est-il pas ennuyeux de regarder toujours le même type de film, monotone, d'écouter une mélodie monocorde ? Et n'est-il pas bien plus amusant de se laisser surprendre par des intonations jamais entendues, un regard, un toucher renouvelé ? La nature ne se renouvelle-t-elle pas sans cesse ? N'est-ce pas cela qui nous ravit le plus ? Un coucher de soleil, si beau soit-il, sera toujours différent du prochain merveilleux coucher de soleil, si subtiles soient ces différences. Alors n'est-il pas vain de rechercher la réplique des beaux instants présents, l'exacte copie du passé qui contribue à notre perte future, copie qui lasse peut-être notre entourage, et nous aussi sûrement ? N'est-ce pas une vaine tentation que de vouloir maîtriser le temps en tentant de reproduire chaque instant ? Voilà pourquoi j'aime tant le renouvellement de l'instant, parce que je suis convaincue au plus profond de moi que chaque nouvelle journée est une occasion de créer un peu différemment, subtilement ou tout à fait différemment. Quelle liberté !

Je comprends que ma vraie nature est là : j'aime le rythme, j'aime l'enchaînement des idées, des pensées, j'aime l'agilité de l'esprit et du corps. C'était si naturel et si facile lorsque j'étais enfant et adolescente. À l'aise dans mon corps plein de vie, j'apprenais vite, plus vite que la moyenne, je me déplaçais avec vivacité. Puis la maladie, la fatigue, les médicaments, les peurs ont ralenti et mon esprit et mon corps au cours de ces trente dernières années. Cependant, je suis fière aujourd'hui de renouer avec mon essence véritable grâce à mes efforts pour mener une vie plus saine, plus authentique ; je suis fière de retrouver petit à petit ma créativité, mon agilité de corps et d'esprit. C'est en cela que je transforme ma peur de la routine, mon mal-être lié à la répétition routinière de mon mental tournant en boucle : je les transforme en liberté d'exprimer de façon variée tout mon amour et toute ma gratitude pour l'indicible beauté de la vie. Ma vraie nature est le rythme et non la routine : rythme des jours et des nuits, rythme dans le chant, rythme dans la danse, rythme dans les rôles à l'écran et sur la scène. Je comprends que la vie est rythme et que j'aime aussi installer dans mon quotidien certains rythmes, à certains moments, non comme une simple routine mais comme un rituel qui me rappelle que la vie est belle, comme un rituel sacré, parce que la vie est sacrée.

C'est un changement de perception intéressant et surtout très apaisant pour moi : je pensais avoir peur de la routine, j'avais peur de m'ennuyer, et en fait j'avais peur de créer en toute liberté, peur d'impulser mon propre rythme, et donc peur d'être force de proposition dans la création de ma vision personnelle. En bref, j'avais peur de moi-même. Peur de ma créativité, de mon expression, peur que ces qualités, qui ne sont autres que moi, ne soient pas appréciées, peur de n'être pas aimée, et finalement d'être rejetée. Forte de ce constat, je regarde l'étendue de cet amalgame entre la routine, l'ennui, la non-expression de soi et la peur du rejet. Évidemment, plus qu'ailleurs, cette peur s'immisce dans la vie de couple.

Là encore, il me semble que je dois changer de lunettes de vue pour percevoir la vie plus clairement, du moins autrement. J'ai formé plusieurs couples, pour le même résultat : la déception, la frustration, le sentiment d'abandon… Mais qui abandonne qui ? Qui est fidèle ou infidèle à qui, au juste ? Qu'est-ce que j'attends d'une vie en couple ? À quoi est-ce que je m'attends ? Aimer, être aimée ! Oui, mais encore ? Je me rends compte que je me suis jetée dans mes histoires d'amour comme on se jette à l'eau, en croyant savoir nager, mais en ignorant la force du courant. Et faire corps avec l'autre, c'est faire corps avec la puissance et la singularité de son courant ; c'est seulement quand on plonge dans les profondeurs de l'intimité commune que l'on ressent si l'on est vraiment en confiance, dans l'acceptation de la jouissance, dans la capacité de jouir de tous ses sens, et dans l'abandon à l'autre, ne sachant pas à l'avance comment on refera surface. Dans le meilleur des cas, le courant, bien que surprenant, nous ressource, nous transporte ailleurs, comme un bain de jouvence, comme une renaissance après la jouissance avec l'être aimé, auquel on s'abandonne en toute confiance.

Ces instants de grâce et de béatitude, je les ai entraperçus dans les débuts de mes histoires d'amour – car les débuts sont placés sous le signe du grand A qui réunit les deux amants. Qu'elle est belle, cette lettre A majuscule, majestueuse, qui représente si bien, avec ses deux jambes, ces deux êtres réunis par leur amour – la petite barre horizontale qui rapproche l'inclinaison des deux amants ne formant plus qu'un au sommet, réunis en un point unique vers le ciel. Cette belle lettre A met à l'abri des doutes qui transforment la spontanéité en hésitation. Dois-je faire comme ça ? Est-ce que ça lui plaira ? Je vais faire ainsi, dire ceci qui le ravit, même si j'aurais fait et dit un peu autrement. Et voici le début de la non-expression libre et spontanée de qui je suis, le début de l'enfermement dans la routine. Je me reconnais si bien dans ce processus d'empêchement d'être moi-même de peur de déplaire ; et je reconnais qu'à être celle que je pense qu'il aimerait que je sois, ce jeu de rôle aboutit à un jeu de dupe ; il aime une autre que moi, celle que j'interprète pour lui plaire, et lorsque j'ose être tout simplement moi, il ne me reconnaît pas, et me rejette. Tout ça pour ça !

Autant être réprouvée dès le début, au moins j'aurai fait l'économie du doute de moi-même, me reconnaissant à peine, et de ma confiance perdue, de ma spontanéité perdue à force de « petits stratagèmes » pour essayer de plaire à celui que j'aime.

Pourquoi porter un masque pour plaire ou ne pas déplaire ?

Plaire ou ne pas déplaire à qui, autour de nous ?

Quelle est notre peur cachée derrière ce jeu de séduction, d'apparat ?

De la place pour deux

L'amour ou le travail ? Je repasse le fil de ma vie et il me semble que les deux se sont succédé à tour de rôle. J'ai aimé, puis j'ai travaillé, j'ai aimé passionnément, puis j'ai travaillé passionnément ; l'un a remplacé l'autre, l'un a pris la place de l'autre et, inconsciemment, j'en ai tiré la conclusion, peut-être trop hâtive mais bien vive, qu'il fallait choisir : c'est l'un ou l'autre. On ne peut quand même pas tout avoir dans la vie.

« On ne peut pas avoir le beurre et l'argent du beurre », susurre la petite voix dans ma tête, et ces mots qu'on adresse aux enfants résonnent dans mon esprit, comme des graines qui ont germé peu à peu. Non, plutôt comme l'ivraie qui a contaminé la bonne graine du bonheur. Car avec l'innocence de l'enfance, je savais par intuition que le bonheur est l'état le plus simple et le plus naturel qui soit ; le bonheur, c'est cet état proche de la fleur. La fleur est fleur par essence, elle croît vers le ciel, elle reçoit la lumière du ciel, elle perçoit la chaleur du soleil. La fleur accueille les vibrations des jolis chants des oiseaux, les vibrations du vent, elle danse au rythme des sons, du vent, des insectes qui la visitent, la fleur se nourrit de rosée et de substrats délicats du sol, la fleur éclôt le matin très tôt, et la fleur clôt ses pétales en vespéral. La fleur reçoit tout et elle donne tout, jour après jour, dans son rythme qui s'accorde à celui de son environnement ; elle exprime son unicité dans une harmonie absolue. Harmonie régie par la coexistence de tous les sons, toutes les couleurs, toutes les formes, l'harmonie comme en musique, comme en peinture, prend vie quand chaque note et chaque nuance expriment avec force et humilité leur unicité en communion avec la note voisine, avec la nuance cousine. De même, la fleur exprime ses couleurs et sa senteur aux côtés de ses cousines capucine et santoline, en communion avec les espèces voisines, végétales et animales.

J'observe avec émerveillement la grâce de la fleur parmi les fleurs, toute remplie de l'évidence de la réception conjointe des dons du ciel et de la terre. Elle reçoit l'énergie céleste du soleil, et dans le même temps l'énergie terrestre de la terre. Elle se nourrit intuitivement, naturellement, du haut et du bas, et elle donne par toutes ses cellules végétales, par toute sa tige, ses feuilles, ses pétales et sépales. Elle offre son odeur, ses couleurs, pour notre plus grand bonheur. J'ose ressentir que, faisant moi-même partie de la nature, il m'est donné, peut-être même intimé, de mimer cet ordre de la nature. En quoi serais-je différente ? J'ose me reconnecter à cette vérité innée : « Tout est donné en même temps ». La fleur reçoit tout, en toute simplicité, alors que la plupart des hommes et des femmes font des choix en toute complexité. Et la séparation apparaît là où l'harmonie de la nature unit. C'est un effort immense qui suit cette divine révélation. Je me sens comme rattrapée par mon mental qui me répète : « Rends-toi à l'évidence, il faut travailler, travailler dur pour y arriver ; il faut consacrer ton temps, ton énergie à ton travail, tu dois choisir à quoi consacrer ton temps et ton énergie. Il n'y a pas de place pour le travail et pour les frivolités de l'amour dans le même temps. D'ailleurs, tu vois bien que, lorsque tu t'égares dans les plaisirs de l'amour, la facture est salée. Tu as déjà payé très cher, n'est-ce pas ? Alors que veux-tu ? C'est l'un ou l'autre ! »

Eh bien, moi, je veux les deux. J'ose me reconnecter à mon âme d'enfant et ressentir toute la joie d'être nourrie à la fois par le ciel et par la terre, de recevoir la lumière dynamisante du ciel et la matière nourrissante de la terre. Oui, j'ose affirmer qu'il est absolument naturel de recevoir la réunion des énergies céleste et terrestre, et qu'il est en fait absurde de dissocier les deux. Mon travail que j'aime tant est ma part active, dynamique, créative, extériorisée, lumineuse, ce que les

Orientaux nomment le yang, alors que l'amour est nourricier, intime, intériorisé, ce qu'ils nomment le yin. « Le yin nourrit le yang qui le dynamise », nous disent les textes anciens chinois : le travail effectué par l'homme à l'extérieur – yang – permet de gagner de l'argent pour acheter les aliments, transformés en repas par la femme – yin –, pour nourrir l'homme et la famille. Le yin et le yang sont indissociables et complémentaires, l'un n'existe pas sans l'autre. Cette idée issue de la culture traditionnelle chinoise s'interprète à bien des niveaux, en particulier dans ma propre dynamique yin-yang. Ainsi, mon travail est yang, mon amour ou ma capacité à aimer et à être aimée est yin. L'harmonie résulte de la coexistence des deux, avec une transformation de l'un en l'autre, car l'un nourrit l'autre, qui dynamise le premier en retour. L'alternance de l'un à l'autre suit un rythme spécifique, comme le rythme nycthéméral avec ses levers et couchers de soleil. Je prends conscience que ce rythme est relativement rapide, journalier, en tout cas bien plus rapide que le rythme annuel auquel je me suis astreinte, plusieurs années de travail intensif laissant place à plusieurs années de solitude, à la recherche de l'amour perdu.

Être lucide ne m'empêche pas d'être fragile, ni de me fatiguer. Je comprends, et puis j'oublie. Je ressens que la vie est d'une infinie générosité et puis j'oublie que c'est possible pour moi. Alors je reprends mon cheminement. Ce n'est pas facile, mais je sais que c'est possible. Il me faut faire un effort pour rester connectée à ce sentiment intérieur si beau et si apaisant, une joie sereine. Pas la joie euphorique, non, la joie douce de savoir que tout est là comme pour la fleur, le soleil, la lumière, parfois les nuages et le vent. Tout est là pour m'animer, pour m'aimer.

Je me reconnecte encore et encore à cette phrase qui ramène le bonheur dans mon cœur. « Sourire au coin des lèvres, sourire au coin des yeux. » Je souris et me sens déjà mieux, je souris et sens la confiance grandir en moi. Je souris à la vie et la vie me sourit. Et je répète encore et encore ces quelques phrases, ces mantras qui m'apaisent, me ressourcent, me guident comme de fidèles compagnons sur le joli chemin de ma vie ; ce chemin que je ne perçois pas toujours comme étant joli, car « on ne voit bien qu'avec le cœur[1] ». Or, mon cœur qui aspire tant au bonheur s'est refermé de bonne heure, il y a quelques années, pour laisser toute la place au travail. Et comme nous sommes toujours exaucés, du travail, j'en ai eu, le cœur solitaire puisque l'ivraie avait séparé la divine union du ciel et de la terre, de l'homme et de la femme, du travail et de l'amour, de la communion.

Sourire au coin des lèvres, sourire au coin des yeux, comme si mes vœux les plus chers étaient déjà exaucés,

1. Antoine de Saint-Exupéry, *Le Petit Prince*, Gallimard, 1946.

je ressens toute la joie d'être épanouie à la fois dans mon travail d'actrice et dans l'intimité de ma vie de femme, parce que c'est l'ordre naturel des choses de la vie, parce que l'un nourrit l'autre, qui le dynamise. Sourire au coin des lèvres, sourire au coin des yeux, je remercie infiniment le ciel qui m'inspire et la terre qui me nourrit. Oui, il y a de la place pour deux. Mon travail et mon Amour.

Projection dans un bel avenir à deux

Comme c'est bon et comme c'est doux de rentrer chez soi après une journée de tournage ! Chez soi, chez moi, chez toi, chez nous où je te retrouve, toi, mon tendre amour, où nous nous retrouvons, mon bien-aimé, dans la joie simple de partager cette nouvelle fin de journée. Revenir chez nous, c'est un peu comme me glisser dans nos draps, dans notre intimité, dans notre cocon, après avoir été dans la lumière des projecteurs, « exposée » aux regards extérieurs, dans mon interaction avec les autres pour un travail collaboratif, et qui sera bientôt diffusé largement. Revenir chez nous, c'est me recentrer, redevenir juste moi-même, de la façon la plus humble qui soit, la plus intime, dans toute ma simplicité de femme, avec sa vulnérabilité, être juste moi avec toi dans la joie simple de croiser ton regard, émerveillée par ton sourire, émerveillement renouvelé. Je remercie infiniment chaque soir, et dans la journée, de façon plus brève, de la grâce qui m'est donnée de vivre dans une paix profonde, dans un amour infini, à tes côtés, mon époux bien-aimé. Je remercie, avec toute la grâce qui m'est donnée, de partager avec toi une vie pleine de vie, comblée de sérénité, dynamisée par nos projets, bercée par notre confiance et par notre bienveillance mutuelle, notre vie unie dans l'harmonie.

Il m'aura fallu plus de la moitié de ma vie pour parcourir le chemin qui ramène vers l'harmonie avec un grand H. Ce grand H, telle une échelle bien stable sur laquelle on s'imagine gravir les échelons, se hisser sur le dernier barreau pour voir tout en haut et, par-dessus le muret, l'horizon du Beau, le lointain céleste, celui qui se laisse observer, s'approcher sans jamais se laisser toucher vraiment, ou alors de façon si furtive…

J'ai longtemps cru inconsciemment que l'harmonie dans le couple était comme les deux montants de l'échelle du grand H du mot « harmonie », chacun des partenaires étant assez solide pour soutenir l'autre. « Les époux se doivent mutuellement assistance. » Jusqu'alors, mon expérience personnelle et ce que j'observe autour de moi me montrent qu'il s'agit plus d'un soutien s'apparentant à une béquille, comme des personnes bancales qui, à deux, essaient d'en faire une seule, « droit debout ». Mais à tous les coups, tôt ou tard, ça vacille. Marcher avec des béquilles, pas si facile ! L'harmonie dans le couple ne devient vraiment possible et ne prend ses lettres de noblesse, ce grand H majuscule en particulier, que lorsque l'harmonie existe de façon personnelle chez chacun. Le barreau transversal de l'échelle du H symbolise alors l'union des deux partenaires, dans leur verticalité entre ciel et terre, tels les montants de l'échelle ancrés au sol et s'élançant vers le ciel. De leur union, ils peuvent alors apercevoir d'autres cieux.

Comme « tout est dans tout », nous disent les textes anciens orientaux, de l'infiniment grand à l'infiniment petit, l'harmonie qui est dans le plus grand se retrouve dans le plus petit. Ainsi, l'harmonie de l'univers est celle des galaxies entre elles, tout comme l'harmonie entre les sociétés humaines, entre les espèces animales, dont l'être humain. Résonnent l'harmonie des individus les uns avec les autres et l'harmonie intérieure de chaque individu avec lui-même. Et si le regard devait partir du plus petit pour aller vers l'infini, et non pas l'inverse ? Et si, au lieu de juger le manque d'harmonie dans la société, on s'occupait d'abord de l'harmonie entre chaque individu ? Et si l'harmonie du couple commençait par la pacification de chacun des partenaires avec lui-même ? Et si l'harmonie commençait chez chacun pour rayonner ensuite vers l'extérieur, le couple, le travail, la famille, la société, etc. ? Et si, comme disaient nos anciens, il fallait d'abord « balayer devant sa porte » ?

Oui, mais c'est quoi, l'harmonie pour soi ? L'harmonie est la réunion des opposés complémentaires et indissociables, le yin et le yang. Le yang dans mon expression active, juste et droite, le yin dans mon expression de réception et d'intégration. Le yang dans mon travail, dans ma polarité masculine, le yin dans ma polarité féminine, ma sensibilité, mon jardin intérieur. Encore faut-il que ce yang et ce yin soient exprimés de façon « juste ». Et c'est cela que j'ai découvert au fil des années : cette notion de justesse est unique, propre à chacun, même si une trame est commune. Le yang juste est celui qui est actif, directif, mais aussi loyal, fiable, capable d'exprimer sa présence avec autorité sans autoritarisme, sa droiture sans dictature ; le yin juste est celui qui est sensible, réceptif, mais aussi transformant, maternant, capable d'exprimer sa présence dans l'écoute, sans laisser place au doute, d'accueillir sans se laisser envahir.

Lorsque ces deux polarités de yin et de yang, masculine et féminine, sont exprimées de façon harmonieuse chez une personne, se dégagent à la fois force et douceur, détermination dans l'action et écoute réceptive. Lorsque ces deux polarités ne sont pas exprimées de façon harmonieuse, on observe des personnalités en proie à l'autorité excessive, voire manipulatrices, en proie aux doutes, alternant des excès de témérité et d'introversion, allant parfois jusqu'à la dévalorisation.

Il s'agit de mécanismes inconscients pour pallier les peurs. Je connais bien ces mécanismes ! Et il m'aura fallu apaiser mes propres peurs pour vivre avec plus de sérénité, détachée du résultat de mes actions, sans attente particulière, tout en connaissant la direction qui est la mienne. « Le voyage, c'est le chemin et non la destination. » En clair, lorsque j'ai vraiment ressenti qu'il était légitime que je travaille avec bonheur comme actrice tout en partageant une vie amoureuse épanouie, j'ai trouvé la direction véritable de ma vie. Et paradoxalement, je n'avais plus d'attentes.

Plus d'attentes ! Une découverte pour moi, une révélation au sens divin, spirituel. Plus d'attentes envers les autres, que ce soit dans le travail ou dans ma vie de couple. Il m'est apparu comme une évidence qu'en me reconnaissant moi-même dans mes polarités yin et yang, en les exprimant de la façon la plus juste possible, jour après jour, j'étais intimement reliée à moi-même, à mon cœur, à ce qui me procurait le plus de bonheur. La phrase « Heureux les simples d'esprit » prononcée par Jésus a pris d'un coup un sens très profond pour moi : lorsque le mental qui juge n'intervient pas et que seul le cœur exprime son pur élan, alors le beau et l'harmonie immanents sont révélés, exprimés dans l'instant présent.

Seules mes peurs m'ont fait quitter l'espace de mon cœur,
Mais seul mon cœur espace mes peurs…
Les espace jusqu'à l'infini, puis les efface.
Je me relie à mon cœur,
Sourire au coin des lèvres, sourire au coin des yeux,
L'espace de mon cœur est infini,
J'aime et je suis aimée à l'infini.

Les attentes de succès, de réussite, de beauté, du prince charmant qui me sauvera n'ont été que des parades à mes peurs de n'être ni capable ni aimable, à ma peur de n'être rien. Mais la vérité qui s'est offerte à moi est tellement plus belle : je suis qui je suis, tout simplement. « Dieu réside en moi en tant que moi », dit Julia Roberts dans *Mange, prie, aime*. Depuis que j'ai intégré et accepté d'être qui je suis, avec mes forces et mes fragilités, ma vie est beaucoup plus douce, car, sans attente, pas de déception.

Je suis active, je m'occupe de ma santé, je prends soin de mon corps grâce à une alimentation de plus en plus saine, je reste attentive dans mon travail aux propositions possibles afin de jouer des rôles épanouissants pour moi, et je remercie de tout mon cœur mon agent qui a été la seule à manifester une volonté constante de travailler pour moi à une époque où les autres se détournaient de moi, invoquant des excuses plus que douteuses ; elle m'a soutenue efficacement dans la recherche de rôles. Je consacre aussi du temps à discuter, à philosopher, à faire des projets avec mon bien-aimé, à me relier à lui dans notre intimité, car il y a de la place pour deux, le yin et le yang, l'intérieur et l'extérieur, le travail, la vie personnelle, lui et moi, moi et lui, nous. De la place pour deux. Parce que j'ai assimilé que l'harmonie de notre couple passe par le bonheur du partage du moment présent, tout simplement, sans attente de l'un ou de l'autre. Parce que j'ai assimilé que l'un ne peut être dissocié de l'autre. L'harmonie est une globalité dont l'équilibre dynamique est présent dans l'alternance de l'un à l'autre, l'alternance du yin et du yang, de la vie personnelle et professionnelle, de l'activité et du repos, de la parole et de l'écoute.

Il m'est par exemple arrivé d'attendre de « trouver » un homme qui sache s'assumer financièrement sans dépendre de moi, parce que je n'ai que trop vécu cette situation, mais aussi, je dois bien l'avouer, parce que cela m'aurait rassurée pour l'avenir, ma retraite, mes vieux jours. Quelqu'un qui serait là si je ne gagnais plus suffisamment ma vie. Bien sûr, je ne recherchais pas un amour véritable dans ces moments-là, mais une sécurité matérielle, organisationnelle. L'attente est mariée avec la déception, et aura raison de l'union du mariage ! L'attente – même inconsciente – n'est qu'amour conditionnel, donc n'est pas vraiment amour ; elle est un contrat tacite : « Je t'aime si… tu es comme-ci ou comme ça, si tu fais ceci ou cela… »

Belle, célèbre et riche, j'ai été aimée. Mais lorsque la santé, le résultat, ou l'argent n'étaient plus au rendez-vous, sont restés la déception, l'abandon, la trahison. Autant de fuites lorsque le masque de l'amour conditionnel est tombé. Ainsi, mon ex-mari aimait me voir habillée comme une poupée, avec de jolies tenues de couturiers, et souhaitait que je ressemble à Isabelle Huppert dans la vie comme à l'écran. Si je me suis prêtée au jeu de la jolie poupée, j'ai résisté à la tentative de clonage, mesurant bien l'écart flagrant entre ma personnalité et celle de cette belle actrice. Pour autant, je n'ai pas pris conscience qu'il aimait en moi une autre, ou qu'il aimait de moi une image perfectible à façonner, et donc qu'il ne m'aimait pas vraiment telle que j'étais, il me fallait accoutrement et mise en scène pour être tout à fait à la hauteur dans son cœur. Seulement à cette époque-là, je jouais dans *Les Cordier, juge et flic*, et ce rôle ne me faisait ressembler en rien à Isabelle Huppert ; néanmoins, grâce à mon travail d'actrice, je faisais vivre très largement notre foyer à trois, notre fille, lui et moi. Dans les mois qui ont suivi l'annonce de l'urgence de ma greffe, affaiblie, j'ai perdu tout à tour mon travail, mon mari, mon appartement. Divorce, Déménagement et Deuil d'une vie aisée en famille : les trois « D » générateurs des plus grands stress – pour la plupart des personnes – selon les textes orientaux traditionnels, je les ai vécus en simultané. Ce n'est finalement peut-être pas si étonnant qu'il m'ait fallu toutes ces années pour me ressourcer.

Le chemin aura été long, pour me reconnecter à l'espace de mon cœur, à l'essence de mon âme, pour aimer à l'infini et être aimée à l'infini pour qui je suis, dans une confiance absolue d'être à ma juste place. Peu importe le chemin si cahoteux, parfois chaotique, peu importent les années passées, puisque c'est ce qui m'a permis *in fine* de découvrir ce cadeau merveilleux qu'est la reconnexion à la joie simple du cœur. « Heureux les simples d'esprit », sans attente, capables d'exprimer en toute simplicité ce qui les anime dans le moment présent. Et en cela, réside pour moi la notion de foi. Avoir la conviction que tout est là, dans la simplicité de l'instant présent, dans l'acceptation de l'instant présent, comme un présent qui nous est offert.

La foi en la vie

La foi, quand on la cherche, c'est qu'on l'a perdue, car on ne cherche que ce qu'on ne retrouve pas. Alors que ce qui est là de façon évidente, immanente, est tellement présent que ça en devient transparent, comme une osmose, celle de l'air extérieur avec nos poumons, celle de l'eau avec les poissons, celle de la confiance avec les naturels optimistes, celle de l'amour avec les chanceux qui en ont été enveloppés dans leur enfance, ou encore l'osmose du beau avec ceux dont les yeux peuvent le percevoir en toute chose, en tout être.

Quand j'avais quinze ou seize ans, comme bien des adolescents, au moins par séquences d'expériences, je me sentais assurée que la vie était devant moi comme un cadeau magique qui n'en finit pas d'être déballé et qui dévoile de jolies surprises chaque jour ; la vie était tellement devant moi que je n'avais pas le temps d'en prendre conscience, c'était comme une évidence immense, un fait implacable, immuable. La vie était en moi, d'ailleurs, je l'embrassais, sans même m'en rendre compte, d'un baiser spontané gourmand et joyeux, comme un jeune enfant qui, émerveillé par un gâteau au chocolat ou par un joli cornet de glace, le regard pétillant de bonheur, porte irrésistiblement à sa bouche le délice.

J'avais l'énergie de ceux à qui on ne touche pas, de ceux à qui il n'arrive rien, je me sentais si forte intérieurement. À l'image des superhéros, je dégageais autour de moi comme un « bouclier de lumière » qui me rendait soit invisible aux forces sombres, soit invulnérable, et les faisais fondre. Je n'avais peur de rien, je traversais tout Paris en métro à des heures tardives, filant dans des rues et des avenues peu recommandables pour une jeune fille de mon âge. Je ne m'en rendais pas compte, la vie m'appartenait, et si, dans une brève prise de conscience, je comprenais que je n'étais peut-être pas tout à fait en sécurité en ces lieux et en ces heures de la nuit à Paris, je souriais et je bravais ce défi pour dire « oui » à la vie. Oui, tout est possible, surtout choisir la vie avec un grand V, vivante, vivifiante, vertigineuse, valable, oui, véritablement valable, la vie avec un grand V, une grande valeur, une vérité mystérieuse, une voie infinie, une vision, une vibration !

Alors autant choisir la plus belle vibration, celle de la confiance sereine, de la foi, de l'amour, de l'amour de la Vie.

Un jour, je ne sais plus exactement quand, mais très tôt, beaucoup trop tôt, il y a déjà tellement d'années, j'ai vu la vie devant moi au lieu de la ressentir en moi, et surtout, j'ai vu la brèche entre moi et la vie, et j'ai ressenti le vertige, la peur de vaciller dans le gouffre de la brèche. La brèche était là, toute simple mais très profonde : la vie était devant moi, inaccessible, et je me demandais soudain comment franchir d'un pas sûr la brèche et me réinsérer dans le cadeau de la vie.

Aujourd'hui, en regardant dans le rétroviseur de ma vie, j'éprouve la sensation d'une réalité augmentée, je comprends ce qui m'est arrivé après toutes ces années, maintenant que la foi en la vie a rejailli en moi. J'ai vécu un changement radical de certitude, là où tout était fort comme un roc dans mon cœur, s'est imposée une autre évidence, celle d'un trou béant. Étais-je aveugle auparavant pour avoir virevolté avec tant d'aisance et d'assurance au bord du gouffre sans le percevoir ? Du haut de mes seize ans, je l'ai vue, de mes yeux, cette brèche…

Ma confiance immanente en moi et en la vie s'était comme évaporée, je sentais la peur se condenser, se solidifier comme de la glace, et paralyser mes mouvements ; plus rien de spontané, le cœur léger, déconnecté, le mental ultrabranché pour me dicter ce qu'il faut faire, ne pas faire, pour me protéger, éviter le danger de tomber dans la brèche. Était-ce un rêve ou la réalité ? Suis-je tombée ou restée au bord du précipice ? Étais-je éveillée ou endormie ? Il me semble que ces quelque trente dernières années ont été une chute sans fin dans un voyage initiatique à la Lewis Caroll : Alice au pays des merveilles ou Anne-Charlotte au pays des contes, des comptes pour soi ? Mes peurs ont pris différentes formes, la maladie, la solitude, la trahison, le rejet, et j'ai découvert au bout du voyage, dans la brèche, la connaissance de moi-même, l'amour, l'attention que je pouvais me porter, m'apporter, et que nul autre que moi ne pouvait combler.

Quand on plonge si longtemps dans tant de noirceur, c'est la lumière qui en rejaillit. Suis-je réellement tombée dans l'abîme sans fin ? Était-ce une illusion de mon ego apeuré ? Ai-je fabriqué cet enchevêtrement de situations inconfortables par mes croyances limitantes, mes peurs, et peut-être surtout par mon incapacité à pardonner à ceux avec qui j'ai joué les périodes les plus sombres, les plus dévalorisantes, les plus douloureuses de ma vie, et encore, et par-dessus tout, par mon incapacité à me pardonner mon sentiment de culpabilité ? Peu importe. Que d'enseignements dans la chute ou dans l'illusion de la chute pour me reconnecter à celle que je suis avec force, en toute humilité et dans la joie !

Peut-être faut-il descendre dans la brèche pour tenter de la combler ? Je comprends ainsi qu'il est impossible de combler un abîme sans fond – sans fond en effet, car nos peurs peuvent nous conduire au plus profond du gouffre, à la mort –, puis qu'une seule chose peut combler l'espace infini de l'abîme : la lumière qui étincelle du cœur, l'Amour inconditionnel. Aimer sans attente, sans condition, aimer la vie avec la confiance illimitée de l'enfant, de l'adolescente que j'étais. Et pour moi, « aimer la vie », c'est l'embrasser spontanément, joyeusement, en faisant ce qui m'anime le plus, ce qui me rend heureuse, en l'occurrence en jouant des rôles pour le petit et le grand écran, pour émouvoir sur la gamme allant du rire aux larmes, de préférence sur celle du rire, de l'humour et de l'amour.

Pour cela, j'ai découvert petit à petit qu'il me fallait remplacer mes peurs, mes colères et ma culpabilité par l'acceptation de ce qui est, et dans le même temps incarner qui je suis, c'est-à-dire passer à l'action plutôt que ruminer. Ainsi, en m'efforçant d'être bienveillante pour moi et pour les autres, grâce à des mantras notamment, confiante et déterminée, j'ai renoué, avec mes contacts professionnels, au lieu d'attendre que ça me tombe du ciel, comme un pardon qui me serait accordé pour toutes les misères qui m'ont été faites – ou que j'ai cru que l'on m'avait faites, alors que d'une certaine façon, j'ai dû les générer par mon comportement ou par mes croyances. J'ai persévéré, tout en accueillant ma lassitude, sans avoir vraiment d'attentes, sentant que c'était ce que j'avais de mieux à faire, que je devais m'y essayer pour honorer ce sentiment de rectitude vis-à-vis de moi. Et advienne que pourra. C'est là que le merveilleux a opéré, alors que j'ai accepté ma lassitude et ma lâcheté, alors qu'avec force et humilité, j'ai exprimé avec simplicité et clarté à mon réseau mes souhaits professionnels, sans orgueil, sans condescendance ni supplication. Alors que j'étais détachée du résultat de mes démarches, contre toute attente, j'ai commencé à recevoir des réponses favorables, des rendez-vous pour discuter de nouveaux projets cinématographiques. Bien sûr, ces premiers clins d'œil de la vie ont été pour moi des signes d'encouragement puissants, très porteurs, qui m'ont encouragée à poursuivre mon chemin de pardon et de gratitude, d'humilité et de joie de vivre, comme une première gorgée d'eau donnée à un être assoiffé… de vivre.

Et cette première gorgée est celle qui offre le plus grand réconfort, le plus grand apaisement, et qui laisse le souvenir impérissable de l'immanence de l'abondance de la vie.

Printemps 2021

Survient un nouveau printemps en Bretagne, ressenti comme plus éclatant que le précédent, car je suis de mieux en mieux, même si des doutes ponctuent encore mes jours et surtout mes nuits. Des hauts et des bas se succèdent, et pourtant je me sens aller vers le haut, c'est-à-dire vers le bien-être, vers l'harmonie entre mon corps et mon esprit. Si le printemps dernier m'a vue me remettre en marche au sens propre, en prenant soin de mon corps par une activité physique plus régulière, l'hiver qui vient de s'écouler m'a permis de prendre soin de mon esprit, en acceptant mieux et en intégrant mes peurs existentielles. À l'aube de cette nouvelle saison, je me sens plus stable et plus sereine physiquement et psychiquement, prête à sauter sur le tremplin de ce nouveau printemps.

La vie m'a reprise

La vie m'a reprise : envie de convivialité, de dîners, de thé ou de café au lait, de biscuits salés, sucrés. Et plus que tout : envie de tout partager. Anorexique de la vie, je deviens boulimique d'une vie partagée, riche en amitiés, en rires et en fous rires, en complicité, en toute simplicité. La vie m'a reprise, la connexion est rétablie, de même que je suis capable désormais d'être émue par la beauté d'un rayon de soleil sur la mer, je suis plus que jamais émue par les instants partagés avec mes proches, mes amis, les personnes que je croise lors de mes promenades entre Pléneuf et le Val-André. Moi qui fuyais les rencontres, les conversations, j'en ai maintenant très envie. Je découvre, redécouvre, à plus de cinquante ans, le bonheur simple de parler, d'échanger avec ceux que j'apprécie, ceux que j'aime, et ceux que je ne connais pas encore. Je redécouvre le bonheur d'inviter et d'être invitée, le bonheur de donner et de recevoir. Je dois relancer cette dynamique, inviter davantage mes amis, de longue date ou nouvellement rencontrés, proposer de papoter autour d'un thé ou d'une grenadine, inviter en toute simplicité avec la générosité du cœur, et offrir ces petites madeleines que j'aime tant. Pourquoi pas un thé infusé avec la menthe qui pousse dans mon jardin ? Moi qui aime tant parler, écouter, et surtout rire, je m'étais privée de tous ces instants précieux qui réchauffent le cœur. Quand, pour se protéger, mon cœur s'était refermé, recroquevillé, il ne pouvait plus ressentir le plaisir du sourire, le désir de donner et de recevoir.

La connexion est maintenant rétablie, opération réussie. Je me réjouis de préparer un dîner, ou de me rendre à une soirée. Les relations humaines sont, me semble-t-il, ce qui procure les plus grandes joies comme les plus grandes peines, et pour cette raison, je m'en étais inconsciemment retirée, tout comme de la vie mondaine, pour ne conserver que le lien quasi quotidien à quelques amies proches sur lesquelles je pouvais compter pour m'écouter et me rebooster. Trois amies en particulier, chez qui j'allais me réfugier, me ressourcer, m'entendre dire : « Ça va aller ! » avant de repartir et, dans mon appartement, m'assoupir. Ces trois amies tour à tour, en me parlant, m'enveloppaient d'un baume apaisant, celui de l'amour des sœurs de cœur, qui me permettait de poursuivre mon chemin jusqu'au lendemain. Il m'aura fallu affronter ce lendemain, ce surlendemain, et tous ces lendemains dans un quasi-huis clos avec elles trois, pour réapprécier petit à petit les relations humaines, un peu plus apaisée et apprivoisée à la condition humaine. Le lien à ceux que j'aime, c'est ce qui me tient, j'en ai besoin. Ce lien humain est un fil invisible et vital pour moi. Lorsqu'il se distend ou se rompt, un grand mal-être m'envahit.

Aujourd'hui, je sais que ces relations humaines sont ce qui m'aide le plus à me rencontrer moi-même dans ma capacité à donner, recevoir, aimer, être aimée sans me sentir jugée, blessée, rejetée, mais, au contraire, accueillie, apaisée, veillée. Tout comme j'ai de la joie à accueillir mes amis, mes proches, à les envelopper de ma tendresse et de mon amour, autant qu'il m'est possible d'en offrir dans le moment présent partagé.

Aller vers l'autre avec sincérité,
C'est offrir en toute humilité,
C'est s'offrir dans toute sa vulnérabilité.
Oui la vie m'a reprise,
Oui j'ai réappris à partager et à rire,
Rire avec les autres,
Rire de moi surtout et avant tout,
Rire de bon cœur,
Ou sourire simplement,
Sourire tendrement,
Quand il est plus décent d'écouter plutôt que de parler,
Mais toujours offrir,

Des mots doux ou la profondeur d'un silence,
Un verre d'eau ou un bon vin pour le plaisir,
Un câlin ou le respect de la distance,
Être là tout simplement !

Des dîners joyeux, j'en veux et je les vois défiler devant mes yeux. Je les imagine, comme si mes souhaits étaient déjà exaucés, comme si j'étais déjà comblée par cette vie que je devine, ne l'ayant pas encore vraiment expérimentée et attendant de la savourer.

C'est un peu cliché mais tellement heureux, ces grandes tablées un peu dévergondées, de bonne humeur où tout ce petit monde chante, bienveillant. Comme c'est attendrissant ! Je les vois et je les entends : ils plaisantent, ils rient, ils fredonnent, tous mes amis réunis, accompagnés par le son envoûtant de la guitare, de l'harmonica, des claquements de doigts, au rythme des petites cuillères, des sifflotements et des chants. Et je sens aussi la présence parmi nous de mes amis partis là-haut un peu trop tôt. Des rencontres parfois préparées, quelquefois improvisées façon auberge espagnole, ayant toujours ce dénominateur commun, celui de la chaleur du cœur, de la bienveillance, des merveilleuses rencontres de ceux qui ne se connaissaient pas ou qui croyaient se connaître. C'est la rencontre authentique, lorsque l'on accorde de l'attention, du temps, lorsque l'on s'accorde ce temps pour soi, pour l'autre ; tel un instrument de musique qui ne peut offrir sa plus belle mélodie que s'il est bien accordé.

Et je vois cette grande table rectangulaire, comme un trait d'union géant entre chacun des participants de cette réunion de cœur-à-cœur, le matin de bonne heure autour d'un café, une fois la nuit passée, fatigués et émus de découvrir les traits tirés mais apaisés de nos amis bien-aimés, à qui l'on a parfois confessé de précieux secrets, entre rires et amusements, dans une pause inspirée par la nuit étoilée.

La vie m'a reprise,
Son rythme que j'aime tant,
Du rire au soupir,
Des bourgeons et des fleurs,
J'aime à m'en nourrir,
Il me comble de bonheur
Naturellement !

Émerveillement !

Merveille de l'émerveillement, merveilleux émerveillement, ébahissement renouvelé… Subjuguée par le moment présent, par la beauté du spectacle de la nature, par la variété infinie de ses tableaux colorés, animés par un souffle divin – quel enchantement que ce sublime paysage –, je sens un sourire candide inonder mon visage. Il me semble que je pourrais décrire sur des lignes et des lignes mon enthousiasme face à la nature, face à la beauté de la vie dans la nature, tant je me sens touchée par la grâce de l'harmonie enchanteresse des couleurs, des reliefs, des mouvements, des odeurs, des sonorités qui me sont offertes. Il y a un an à peine, un peu agacée, attristée, en colère, j'enviais l'une de mes amies qui répétait sans cesse, lors de nos promenades en bord de mer : « C'est beau, que c'est beau ! » Je ne voyais pas ce qu'il y avait de si beau, je ne voyais pas ce qu'elle voyait, ou du moins, ce que je voyais ne provoquait pas chez moi les mêmes émotions.

Je ne voyais pas ce qu'il y avait de si extraordinaire. En somme, c'était toujours la même chose : la mer, le ciel, le soleil, les oiseaux, le vent, les nuages, etc. Je comprends maintenant qu'il y a un an, je regardais une carte postale, toujours un peu la même, alors que mon amie, elle, semblait regarder un film animé, bien vivant, dont le mouvement, la vie m'échappaient. Ma capacité à percevoir le spectacle éternellement renouvelé de la nature était en « arrêt sur image ». Tout comme ma vie de femme, d'actrice, d'amante, d'amie. J'étais en mode « pause », figée pour me reposer. Et ma vie presque inanimée était elle aussi sur pause, ou au moins au ralenti. Si ralentie…

Et puis la vie a repris, mon envie de vie m'a reprise, m'a surprise, et ce printemps, cet été, un an après l'agacement du « c'est beau ! », mes yeux ont vu, mes oreilles ont entendu, tous mes sens ont perçu la merveille de la vie, le cadeau incroyable sans cesse réitéré du spectacle du bord de mer, le scintillement des reflets du soleil sur l'eau, les jeux de lumière dans les vagues, les gris bleutés, argentés, parfois rosés ou violacés, qui m'ont enlacée, fait frissonner de tant de beauté, et parfois émue jusqu'aux larmes. Mes yeux ont vu, perçu, ressenti, et ils ont transmis leur découverte à mon âme, à mon cœur. Il me semble que le système de transmission était rompu, ou plus exactement déconnecté de mon système central sensitif. Je voyais, mais comme une aveugle, donc je ne ressentais rien, ou pas grand-chose. Mais à force de marches, de promenades dans le bois de la Flora, sur la plage du Val-André, en contact avec le vent, le sable, tout près des vagues et de leur écume, des mouettes et des goélands, j'ai peu à peu rétabli la connexion, naturellement, comme une rééducation lente mais efficace, en dépit des apparentes absences de progrès. Comme un amant qui, inlassablement, avec une douceur infinie, une tendresse pleine de caresses, passe ses mains sur les reins de sa douce, sur ses seins, repasse le satin de sa peau, dépasse délicatement le territoire de ses retenues, comme un pinceau soyeux qui vient estomper des traits trop marqués figeant les contours, ma nouvelle connexion à la nature a soufflé un vent de légèreté sur ma frilosité pour me dénuder et donner libre cours à ma sensualité. Ainsi, le vent marin qui vient de loin m'a rejointe, tel un amant sur la plage, lors de mes promenades, il a caressé ma peau, mes cheveux mêlés d'embruns, inlassablement et avec une infinie tendresse. Assuré que je me réveillerai un jour à force de caresses, il a glissé sa douce main sur ma joue au petit matin. Le vent, l'air si vivifiant, les éclats scintillants de la lumière sur la mer ont rouvert les pores de ma peau, ont dénoué mes amarres dans le port du passé, délié les attaches de mon carcan pour laisser s'envoler mes voiles de peur et me révéler la douceur du bonheur et la fougue de la vie. J'étais de nouveau reliée intimement à l'essence de la vie, à mon environnement.

Un jour, j'ai compris que je ressentais beaucoup de bonheur en regardant, plus précisément en contemplant, le paysage et ses détails, et je me suis sentie envahie, submergée par une émotion nouvelle, une joie profonde quasi indescriptible, si ce n'est par le mot « émerveillement ». À mon tour, j'étais émue par la beauté de ce que je voyais, car je regardais désormais, comme mon amie l'an passé, un spectacle ravissant, époustouflant de vie, d'harmonie. À mon tour, j'ai eu envie de sourire, de rire et de dire l'ineffable. Je me suis entendue m'exclamer : « C'est beau, mais que c'est beau ! » Et j'avais envie de le répéter à l'infini pour évoquer à mon humble façon l'infinie beauté de la vie qui s'offrait à moi.

Été 2021

L'été, la saison la plus chaude *a priori*, mais pas en cet été 2021, ici au Val-André. Pourtant, l'été est la période propice à la détente, et je me détends, je me sens bien, de plus en plus femme. Envie d'être aimée… Véritable renouveau pour moi qui en rêve depuis des années, comme les petites filles attendent leur prince charmant dans les contes de fées, dans leur imaginaire. Et cela suffit bien car le jour est encore lointain. En cet été, la petite fille rêveuse sent qu'elle est redevenue femme, dans le désir d'accueillir son prince charmant, non sans appréhension cependant, non plus dans mes rêves, mais dans ma vie, pour de vrai. Je me sens comme une fleur qui s'ouvre au soleil, qui s'ouvre à la vie, qui déploie sa belle énergie pour humer la vie et s'enivrer de son parfum.

Ma belle énergie

Ma belle énergie est enfin de retour ! En cette mi-août, bien que cet été n'en ait pas vraiment été un du point de vue climatique – un été avec peu de soleil et peu de températures élevées, de celles qui, enveloppantes, vous réchauffent le corps et le cœur –, je me sens étonnamment bien. Je me sens plus sereine, davantage dans l'acceptation des hauts et des bas de mes humeurs, des aléas et des petits tracas de la vie. Malgré des moments de grand doute, de questionnements sans réponses, je me dois de constater que je ressens ma vie plus douce. Pourtant, sur le fond, rien n'a beaucoup changé ces derniers mois. Je suis toujours en quête de nouveaux rôles, et à la recherche de mon prince charmant. Cependant, il me semblerait juste de dire : « Tout est en train de changer ! » Oui, quelques signes m'indiquent que la métamorphose est en cours.

Tout ce que je mets en place au quotidien depuis quelques mois fonctionnerait-il vraiment ? Mon corps et mon esprit vont de mieux en mieux. Certes, je connais encore des hauts et des bas, mais des hauts plus hauts et des bas moins bas, et surtout, des oscillations entre les hauts et les bas beaucoup plus douces. Serais-je en chemin vers la voie du juste milieu qu'évoquent les philosophies orientales ? J'ai envie d'y croire, j'ai envie de vivre cette harmonie promise dans la voie du juste milieu, j'ai envie de croire que la marche, la natation, la méditation, l'alimentation vivante me permettent de recouvrer mon équilibre intérieur et de vivre mon harmonie personnelle. J'ai envie d'y croire et je le vois tout spécialement ces jours-ci, comme si une fenêtre s'était ouverte devant moi, comme si je découvrais un nouveau paysage, merveilleux de beauté et de sérénité, comme une promesse d'aller visiter ces jolies contrées et d'y vivre. La fenêtre des possibles s'est ouverte devant mes yeux comme une récompense après tous ces mois d'effort, d'espoir, mais aussi de découragement, comme pour m'inciter à poursuivre mes efforts, et à oser emprunter le chemin menant vers ces jolies contrées qui ne sont apparues jusqu'à présent que dans mes songes et qui sont ma terre promise.

J'ai ressenti intensément cette paix intérieure la nuit passée, en cette mi-août, alors que je ne parvenais pas à dormir, une fois de plus. Cette nuit-là, j'ai accepté plus que d'habitude mon insomnie, et je me suis assise tranquillement. J'ai commencé à méditer, à dire mes mantras habituels, j'étais calme, dans l'acceptation du moment présent, juste dans le moment présent du cœur de cette nuit. J'y ai trouvé un calme à la profondeur sans fond, comme si j'avais fait un plongeon sans fin, délicieux, gracieux, empreint de cette sensualité où tous les sens sont en éveil, émus par la grâce de l'espace qui se distend, par les sons presque imperceptibles, par l'osmose entre ma peau et l'air ambiant. Sensation d'un Tout, sensation d'appartenir au Tout en toute simplicité. Combien de temps ai-je médité cette nuit-là ? Je ne sais pas. La lueur du jour commence à se manifester quand je reviens dans l'ici et maintenant de ce petit matin, de cette nouvelle journée qui s'offre à moi, remplie d'une paix parfaite ; me réveillant de ma méditation, je m'endors quelques heures pour que mon corps se repose, maintenant que mon esprit, enfin détendu, est en paix. Passant de l'état de conscience de la méditation, dans le silence de la nuit, à l'endormissement de mon corps, j'ai le temps de saisir un peu plus consciemment les images qui me sont parvenues dans cette méditation, des images et des aspirations, des inspirations et des présages. Je ne saurais distinguer tout à fait mes impressions, et peu importe car elles sont belles, douces et harmonieuses.

Je comprends par exemple que j'ai envie de découvrir davantage la méditation, en particulier la méditation dite *vipassana*, qui consiste à dédier plusieurs journées entières (dix au minimum) à la méditation, dans le silence d'un lieu dont les objets personnels – téléphone, livres, carnets d'écriture – sont bannis. Pourquoi ne pas expérimenter cette pratique à l'automne ? Ça m'intéresse, ça m'interpelle, moi qui, il n'y a pas si longtemps encore, étais incapable de rester assise une demi-heure pour méditer, moi qui pensais que la méditation dans le silence ne m'était pas adaptée, et que méditer en musique ou en nageant était tout aussi efficace. De la même façon, je découvre sur les recommandations de ma naturopathe que la natation sans musique est bien plus agréable, très proche de la méditation, dans la mesure où elle permet d'écouter les bruissements de l'eau et le souffle de ma respiration, de ressentir le glissement de mes mouvements dans l'eau du bassin.

Au cours de cette nuit, je ressens la présence essentielle de la musique et du chant dans ma vie, je comprends quelle satisfaction m'apportent la sortie de mon premier album, *À tout à l'heure*, et la préparation de mon sixième concert en octobre, pour la première fois dans une salle un peu mythique de Paris, Au café de la danse. Cette nuit, j'ai l'idée de faire participer à plusieurs reprises mes spectateurs lors du concert, j'ai envie de partager avec eux certains de mes mantras et de leur proposer de les chanter avec moi, j'ai envie de la communion de nos voix, de l'émotion de la joie à travers les vibrations de nos chants. Je vois cette belle énergie entre eux et moi, entre nous. Je ressens la joie partagée qui nourrit les cœurs de chacun, je ressens notre aspiration commune à la paix, et la lumière dans nos vies. Je partagerai mon idée de mantras avec un de mes musiciens qui m'en dissuadera en m'expliquant que ce n'est pas adapté à ce concert. Je me laisserai convaincre mais je garderai mon envie de partage quelque peu spirituel pour un prochain concert de cœur-à-cœur avec mes auditeurs.

J'ai eu aussi la vision de tableaux que je pourrai réaliser un peu différemment de ceux que j'ai conçus jusqu'alors. Je les vois tout en tissu : des petits morceaux de tissu de différentes teintes et de différentes formes, que j'ai découpés et assemblés pour qu'ils constituent de nouveaux arbres de vie, peut-être même de nouveaux sujets. Je vois l'harmonie des couleurs et des formes, l'harmonie soyeuse des tissus assemblés conférant à la fois douceur, chaleur et bonne humeur. Ma vision pour mes nouvelles créations m'inspire l'idée d'un « patchwork sur toile ». Je me reconnecte en pensée au bonheur de la sensation du temps qui n'en est plus lorsque je plonge dans l'univers de la création. L'impression du temps s'estompe en de très longs espaces, finalement comme s'il n'y en avait eu qu'un entre le début et la fin de ce précieux moment créatif, récréatif, comme les récrés dans la cour de l'école de mon enfance, pendant lesquelles le temps s'arrêtait, un espace de jeu imaginaire avec les copains, un intervalle entre le point d'accroche du début et celui de la fin, comme un hamac suspendu entre ces deux points, et dont le délicieux balancement arrête le temps.

Mes sensations et impressions se succèdent joyeusement. Je prends conscience de mes goûts qui changent : par exemple, je n'aimais que le chocolat au lait et j'ai découvert cette semaine, chez une amie qui m'a offert un savoureux chocolat noir bio au gingembre, que j'apprécie cette saveur amère du cacao délicatement relevée par le piquant du gingembre. Il y a encore peu, j'aurais pu soutenir haut et fort que non, vraiment, le chocolat noir, très peu pour moi ! Métamorphose en profondeur et en douceur, je me découvre, je me redécouvre curieuse de moi-même. Suis-je la même, reconnectée à des facettes de moi-même que j'ai masquées ? Suis-je en devenir d'une meilleure version de moi-même ? Qu'importe, tout ce qui compte est de me hisser dans ce hamac du bien-être et de me laisser glisser dans ces douces sensations nouvelles et envoûtantes.

Sensation de bien-être ultime en repensant à ma dernière séance de natation cette semaine, dans la piscine municipale de Pléneuf-Val-André, dont l'eau est si chaude par comparaison avec les piscines somptueuses et onéreuses de Paris. Je découvre le luxe de la simplicité de cette piscine municipale que je connais pourtant bien et depuis longtemps, la gentillesse spontanée du personnel à l'accueil et autour du bassin, les vestiaires immaculés bien qu'à l'aspect un peu vieillot, la chaleur du bassin – plus de 27 °C, du fait bienheureux pour nous, nageurs, d'un dysfonctionnement du thermostat –, le régal de l'eau bien chaude des douches, et puis la tranquillité, l'espace pour nager – il y a peu de nageurs dans les lignes d'eau, surtout en ce mois d'août durant lequel les estivants préfèrent la plage. J'aime venir nager dans cette piscine et je rêve de trouver l'équivalent à Paris, lorsque j'y séjournerai cet hiver pour mon travail. La natation m'est précieuse, elle me ressource, je dois en faire une priorité à inscrire en haut de ma liste. Car j'ai encore tendance à papillonner, à oublier ce qui me fait le plus de bien, à passer à autre chose ou tout simplement à laisser les journées défiler en essayant de me sentir le mieux possible après une nuit d'insomnie. Et si je notais sur un Post-it : « Nager est ma priorité » ? Et si j'affichais ce Post-it dans mon agenda, sur mon téléphone, sur le miroir de ma salle de bains, dans ma cuisine ?

Ma cuisine, parlons-en ! J'ai commencé à me préparer des repas « vivants », selon les recettes « Miam-ô-fruits » de France Guillain que m'a fait découvrir Céline, après que nous avons partagé des repas simples mais savoureux chez elle, et que nous avons échangé sur l'importance de l'alimentation pour le corps, et peut-être surtout pour l'esprit. L'hiver passé, j'avais déjà senti les bienfaits du vivant pour mon corps en préparant des jus verts (chou, brocoli, persil, coriandre, citron selon les recettes) avec l'extracteur que mon père m'avait offert pour mon anniversaire. Cet été je prends conscience d'une nouvelle manière que mon corps est vivant grâce à l'énergie qui lui est fournie. L'alimentation est son carburant, et comme tout véhicule, mon corps a besoin du meilleur carburant pour bien fonctionner ; si je mets du diesel dans le réservoir de ma voiture à essence, elle arrêtera de rouler très vite et il faudra nettoyer ses circuits puis lui donner le bon carburant si je veux poursuivre mon périple. Moi qui ne dors pas encore bien, qui ne parviens pas à me concentrer ni à mémoriser comme avant, et qui ressens un manque d'énergie pendant la journée, convaincue par cette idée de bon sens et soucieuse de me sentir mieux, je décide d'aller au marché acheter des fruits et légumes bios pour préparer ce fameux (au sens littéral !) « Miam-ô-fruits ». Je suis ravie par les saveurs, les textures, mais surtout étonnée de constater à quel point je me sens rassasiée dans la durée avec ce repas – simple en apparence, en réalité très complet – composé de fruits frais, d'oléagineux mixés, d'huile végétale de première pression à froid, de jus de citron, de banane écrasée, etc. Les pêches alliées aux noisettes sont un vrai régal ! Dans ce doux songe nocturne qui me permet d'apprécier tous ces petits signes de changement, je me dis que la prochaine étape de ma conversion alimentaire sera d'apprendre à me préparer un riz savoureux comme celui que cuisine mon amie, avec les graines de carvi.

Des changements positifs s'opèrent aussi dans ma vie professionnelle. Après plusieurs mois de recherches infructueuses, d'incertitudes, je vis comme une traversée du désert, ponctuée par les angoisses de celui qui craint la mort par manque d'eau pour abreuver son corps et dynamiser son esprit, et n'a d'autre option que de poursuivre son avancée et donc de dépenser le peu de réserves d'énergie dont il dispose encore, à la recherche de la source d'eau, symbole de vie au propre comme au figuré. Le choix cornélien n'en est pas un : cesser d'avancer pour économiser ses forces et mourir desséché sur place, seul dans le désert au sable doré qui, loin de suggérer la couronne du succès, appelle à l'humilité dans l'immensité, ou continuer d'avancer, dépenser ses dernières ressources, peut-être pour atteindre la source promise et recevoir un nouveau flot de vie et d'aventures, continuer d'avancer avec la foi de ceux qui n'ont plus rien à perdre et qui se promettent que s'ils en réchappent, ils garderont la mémoire de ce passage initiatique. Dans cette situation, l'être humain est appelé à abandonner toutes ses croyances et à s'en remettre à ce qui doit être, à ce que certains nomment le lâcher-prise. Moi, je nomme cela, avec révérence, la « foi ».

Grâce au soutien des personnes qui m'accompagnent, grâce à ma constance dans la répétition de mes mantras, je ressens maintenant le changement qui s'opère en moi. Un exemple tout récent : j'ai osé, lors d'un déjeuner au cours d'un festival cet été, demander si la place à côté de Michel Drucker était libre. Il y a seulement quelques semaines, je n'aurais jamais osé. La réponse m'est parvenue en toute simplicité : « Oui. » Je me suis donc assise à côté de lui et nous avons commencé à discuter, à échanger sur nos parcours, sur notre sensibilité cardiaque commune. J'ai aussi évoqué le lancement de mon nouvel album *À tout à l'heure*, ma passion pour le chant, ma nouvelle vie depuis le premier confinement. Bref, nous avons parlé des choses de la vie.

Discussion de cœur-à-cœur, je suis touchée par son écoute, émue par son attitude à cœur ouvert. Je n'attendais rien en retour, pourtant, dans la foulée, je reçois une invitation début septembre pour enregistrer une interview dans son émission *Vivement dimanche*. Je suis comblée. Au printemps, j'ai été blessée dans mon orgueil par le barrage que m'opposaient ses assistantes pour différer ma présence sur son plateau de tournage. J'ai cheminé depuis, et choisi d'apaiser ma blessure égotique, j'ai accepté la situation, et demandé avec foi à reprendre le chemin des plateaux télévisés. C'est cela, le plus délicat dans la foi : croire en son for intérieur, en dépit de toutes les évidences manifestées à l'extérieur.

Je n'avais rien, absolument rien qui puisse me laisser envisager que l'automne m'offrirait une belle rentrée. Pourtant, je me suis employée chaque jour à déclamer au quotidien, avec toute la ferveur dont j'étais capable, mon mantra, ma phrase positive à moi, mon SOS à l'univers, ma prière aussi catholique que possible. Peu importe son origine, qu'elle soit védique, méthode Coué, New Age ou chrétienne. Je dois admettre avec le recul que mes phrases positives, que j'appelle mes mantras, sont de véritables baumes au cœur et à l'âme, une reprogrammation de fond de mes croyances limitantes.

Et comme un bonheur n'arrive jamais seul – oui, un *bonheur* –, deux autres rendez-vous pour la rentrée m'ont été confirmés à la suite des appels passés avant l'été. L'un avec TF1 et l'autre avec M6. Pour la première fois depuis des années, je suis contente de penser à la rentrée, à mon retour à Paris après ces mois d'été passés au Val-André. J'ai même hâte d'y être comme quand j'étais écolière. Je suis heureuse d'aller au-devant de ces nouvelles rencontres, de ces nouvelles opportunités, malgré mon appréhension si propre à cette période, car tout de même, c'est un peu l'inconnu, la rentrée, et l'inconnu fait peur, n'est-ce pas ? Pas vraiment peur, il crée plutôt un petit stress qui vous titille, une sorte d'excitation, d'envie de saisir votre chance, d'écrire une nouvelle belle page sur ce cahier neuf spécialement acheté pour passer ce nouveau cap. Ce que d'autres appelleraient un stress positif. Ou encore un saut quantique, c'est-à-dire un saut dans l'inconnu pour découvrir de nouvelles possibilités – celles du passé relevant du connu, elles ne sont pas du tout créatives – et entamer une nouvelle création, écrire une nouvelle histoire sur la page immaculée de mon cahier. Alors je saute, non sans appréhension, mais avec joie, dans l'inconnu de ce nouvel automne.

Encore et toujours à apprendre…

En cette fin d'été 2021, je me sens plutôt bien, même très bien en comparaison des saisons qui ont précédé, j'ai la sensation de refaire surface après un plongeon prolongé de plusieurs années. J'ai même l'illusion que je ne vais nager qu'aisément en surface désormais. J'ai oublié que la nage est une ondulation, tout comme la vie est une danse, avec un mouvement, un rythme qui varie au fil des jours, selon les saisons, au gré des rencontres. J'ai un peu vite mis de côté les hauts et les bas, les oscillations inhérentes à la vie, et les tribulations de la vie amoureuse. C'est alors que ma quête de l'amour, pleine d'attente, a été exaucée, avec ses pleins et des déliés.

Toujours exaucée

Hélas, et surtout tant mieux, je suis toujours exaucée ! C'est une prise de conscience globale, la découverte, ou plus exactement la perception, de deux polarités simultanées, le « hélas » et le « tant mieux », le moins agréable et le plus agréable. Ils coexistent, et plus précisément, ils existent dépendamment l'un de l'autre, ou encore, l'un existe car l'autre existe et l'existence de l'un fait naître l'existence de l'autre. Je comprends que dans ma vie, depuis toujours, tous mes vœux les plus chers ont été exaucés. Quand je dis « les plus chers », je veux dire ceux auxquels je croyais dur comme fer, avec la force déferlante de l'évidence que d'autres appellent la foi, non pas la foi religieuse, mais la foi dans l'immanence de la vie, dans son omniprésence sous tant de formes variées et dans sa surprenante capacité à renaître dans les conditions qui semblent les plus adverses.

Ainsi me vient cette image, des versants du mont de l'Etna, ce volcan sicilien qui entre régulièrement en éruption et qui, à plusieurs reprises, a tout dévasté – les habitations, la végétation –, pour ne laisser qu'une épaisse couche de lave, qui a brûlé, nettoyé, tout lavé sur son passage… en apparence, car ce n'est que pour un temps donné. Malgré cette apparence désertique, en quelques années, de jeunes pousses végétales fragiles ont percé avec détermination la carapace de la croûte volcanique, et la terre, d'autant plus fertile grâce aux sédiments, a repris ses droits et a offert à la lumière de nouveaux arbres, de nouvelles fleurs. Je vois cette image de contrastes, saisissante de beauté, la fraîcheur du vert tendre de ces jeunes pousses qui se fraient subtilement un passage entre les fines fissures de lave compacte, durcie, noire et grise. Quelle force, quelle évidence que la puissance de la vie ! Et cette éternelle renaissance est vécue viscéralement par ces hommes et ces femmes de la terre sicilienne, qui rebâtissent leurs habitations sur les versants de l'Etna, guidés par la foi en la résurgence de la vie. Je me sens comme ces hommes et ces femmes au sang chaud, j'éprouve la même envie de rebâtir plus beau, avec la foi d'un avenir toujours meilleur, faisant table rase d'un passé de frayeurs. Car je suis – et nous sommes – toujours exaucée, et c'est tant mieux pour mon désir de poursuivre l'aventure ; chaque fois que j'ai cru, au plus profond de mon cœur, qu'elles étaient possibles, j'ai reçu la concrétisation de mes croyances.

Un des exemples les plus récents est mon vœu de me reconnecter à l'amour. Ce chemin me semblait si étranger que je n'avais plus foulé ses sentiers ces dernières années. Malgré mes efforts quotidiens de pensée positive pour ressentir la douceur, la chaleur de l'amour profond et paisible, je suis allée consulter une personne que m'avait recommandée une amie. Cette personne m'a confirmé que j'allais trouver le grand amour, tout en me précisant que ce serait en deux temps : d'abord avec un amant pour me redonner confiance, me relier de nouveau à la sensualité, à la sexualité, puis, dans un second temps, avec mon bien-aimé, mon homme qui serait à mes côtés pour les prochaines années. J'ai d'abord été rebutée par cette annonce en décalage complet avec mon désir de me reconnecter à l'amour authentique. Je voulais le Grand Amour. Ma petite voix intérieure me disait que ça ne collait pas, qu'au fond de moi, très fleur bleue, je n'avais pas envie d'un amant. Et pourtant je me suis laissé convaincre par cette prédiction très assurée. Je comprends combien j'étais vulnérable et influençable tant ma quête était impérieuse.

Alors j'y ai cru de toutes mes forces, c'était tellement rassurant de m'entendre validée dans mes souhaits les plus chers. Je me suis dit : pourquoi pas ? Un amant, puis un mari, ce qui comptait, c'était atteindre mon objectif. Il m'est ainsi apparu plus accessible, plus raisonnable, et cette prédiction me permettait de bénéficier d'une étape avant d'atteindre le Grand Amour. La promesse était bel et bien là, avec en prime, me disais-je, un temps de réadaptation à la vie à deux, à la vie intime amoureuse. Je me suis donc focalisée sur cette double promesse, d'un amant et d'un mari, la seconde étant conditionnée par la première. Ma détermination est sans faille quand il s'agit de réaliser ce qui me tient à cœur. Un peu décontenancée au départ par cette annonce de l'amant, je m'y suis habituée progressivement, je ne pouvais que croire cette personne tant son assurance me paraissait forte, et j'ai conclu que cette étape serait pour moi une occasion de recouvrer toutes mes capacités à aimer vraiment celui qui serait ensuite mon mari. En d'autres mots, mon désir d'amour et de vie à deux était si fort, si indétrônable, que j'ai accepté pleinement l'étape de l'amant qui semblait être un prérequis.

Et bien sûr, j'ai été exaucée. Hélas, j'ai été exaucée, car cette étape de l'amant n'a pas été aussi douce qu'imaginé. Tant mieux, car elle m'a de nouveau fait comprendre l'importance de mes pensées, de mes vœux les plus chers. Persuadée qu'il me fallait d'abord un amant, j'ai commencé par me demander qui pourrait être cet homme. Je me suis surprise à regarder autour de moi, à chercher l'élu, non pas de mon cœur, mais de mon corps, pour une touche de douceur. Inconsciemment, j'attendais un peu (beaucoup !) pour me réinitier à l'amour, j'espérais la présence d'un « maître », d'un accompagnateur bienveillant qui soit près de moi comme un adulte accompagne le petit enfant qui apprend à faire du vélo tout seul. Avant de s'élancer vers de grandes aventures sur deux roues, il a besoin d'être guidé, soutenu, pour maintenir par lui-même son propre équilibre et surtout avoir confiance en son adresse. Cependant, assaillie de doutes sur ma capacité à aimer et à être aimée, je me disais : « Peu importe qui est cet homme, pourvu qu'il fasse fonction d'amant en cette étape. » Ainsi, je cheminais, bien déterminée à rencontrer, non pas l'âme sœur, mais celui qui, pour quelques heures, serait aussi mon guide bienveillant sur le chemin des amants confiants, dénudés et enivrés de sensualité.

Ainsi réapparaît après plusieurs mois de silence un ami avec qui j'ai parlé pendant de longues heures au téléphone, l'hiver passé. Nous nous réconfortions mutuellement par des mots doux, vivant, sinon l'intimité, au moins la complicité, les rires, les confidences, évoquant nos envies partagées d'une vie à deux plus belle que celle que nous avions menée auparavant. Des soirées, des nuits à parler. Et puis, une interruption après dégradation des propos. Une relation en mode dégradé comme ces logiciels qui buguent, une relation noyée dans l'alcool, avec des mots en trop, pas à propos… « Paroles, paroles, paroles », comme dans la chanson de Dalida. Beaucoup de jolis mots, des déclarations, des promesses. C'est si facile, à distance et sous l'emprise de l'alcool. L'envoûtement des premiers temps s'est dissipé à mesure que les vapeurs alcoolisées obscurcissaient l'enchantement. Espace entre les mots, silence, déconnexion.

Intuitivement, je savais qu'il n'était pas celui que je cherchais pour une vie à deux sereine et heureuse. En même temps, mon mental, blessé de s'être trompé en s'accrochant à la projection d'une vie à deux avec cet homme, me dictait de retenter ma chance, en flattant mon ego avec des formules comme : « Peu importe que l'alcool soit sa compagne, je m'occuperai de lui et le sauverai ». Puis : « Peu importe qu'il ait une autre femme dans sa vie, à moi, il m'a déclaré sa flamme, il m'a dit : “Je t'aime.” » D'un côté, mon intuition était très nette : cet homme, bien qu'adorable et charmant, ne pouvait être ni mon amant ni mon mari ; et de l'autre, mon mental me martelait que mon objectif était d'avoir un amant. Peu importait le contexte puisque ce n'était qu'une parenthèse, une étape qui ne comptait pas vraiment, un simple tremplin vers le Grand Amour. Alors, quand mon téléphone a affiché son numéro plusieurs mois après l'hiver, j'ai acquiescé à son invitation de trois jours, sinon pour un amour, du moins pour un détour sur les îles non vierges de la sensualité.

La pensée est créatrice, je le savais, et une fois encore, je l'ai expérimenté. J'ai souhaité un amant, même alcoolique. Je l'ai eu, et facilement. Seulement j'avais sous-estimé mon empressement pour le résultat – la vie à deux –, ainsi que la puissance de mon cœur amoureux qui aime aimer pour aimer. J'avais sous-estimé ma capacité à dissocier l'amant du mari, et malgré moi, tout en sachant que cet homme ne devait être qu'un « simple » amant, je me suis surprise à commencer à l'aimer, du moins à projeter la possibilité d'une vie future ensemble, bien que ni lui ni moi ne l'eussions clairement évoquée, ce programme étant bien éloigné de nos souhaits. Mélange des genres, confusion des sentiments. Que d'efforts il m'aura fallu alors, pendant plusieurs semaines, pour m'extirper de cette confusion des genres entre amant et mari ! Quelle déception de revivre les réminiscences de celle qui n'est pas choisie, qui n'est pas élue ! Quelle brutalité en mon cœur d'entendre qu'il préférait rester avec cette femme qu'il aimait autrement, alors que tout cela, je le savais ! J'ai vu s'envoler de nouveau mon espoir d'être la première dame de son cœur, pas seulement l'élue pour quelques heures, mais celle qui est reconnue comme sa femme. Un rêve de princesse déchue, ou la confusion d'une princesse qui ne s'est pas encore reconnue… Il a fallu quelques pleurs pour apaiser mon cœur, laisser décanter mes émotions, y voir clair, dissocier le rôle de l'amant de celui du mari. L'amant est celui qui nous révèle à nous-même dans notre aspiration à la sensualité, à la douceur envers l'autre, et qui masque la douceur que l'on attend pour soi, dans notre quête de la beauté immortelle de l'amour. À l'inverse, le lien qui unit la femme à son époux est celui d'un amour inconditionnel, de la capacité à accueillir l'autre pour ce qu'il est sans l'idolâtrer, avec ses forces et ses fragilités, reconnaissant dans le même temps nos propres forces et fragilités, et demandant à être aimé pour qui nous sommes sans jouer de rôle, sans jouer à l'héroïne des temps modernes qu'elle soit femme fatale ou *working girl*, ou à l'héroïne des temps plus anciens, la femme modèle au foyer.

Cette expérience peu confortable contient au moins trois aspects positifs. Avant tout, j'ai compris encore une fois combien il est fondamental que j'écoute mon intuition, car je savais bien au fond de moi que ce n'était pas une bonne idée d'aller rejoindre cet homme durant trois jours. Ensuite, le second aspect positif est le fait que j'ai effectivement renoué avec le plaisir de m'endormir et de me réveiller auprès d'un homme l'espace d'une nuit, d'un matin, avec l'ébauche des plaisirs charnels, même si l'alcool a vite endormi sa flamme naissante. Grande avancée après toutes ces années de célibat… J'ai été très étonnée de la simplicité de mes retrouvailles avec l'intimité, qui, même si on peut s'en passer, relève de fait de notre nature première, celle d'un corps exprimant son désir de communion. Par ailleurs, j'ai revisité mes tourments émotionnels quant à la valeur que l'autre m'accorde – en rapport avec la valeur que je m'accorde à moi-même. Cela m'a permis de comprendre plus profondément que, comme tout être, je suis aimable pour qui je suis, avec mes forces et mes fragilités, comme je suis, avec le corps qui est le mien, la cinquantaine passée, traversé par les tourments de la maladie et les effets secondaires des traitements.

Je me sens enfin honorable vu le chemin qui a été le mien, et j'ose assumer mon désir de vivre à deux, dans une confiance et un amour profonds réciproques. Hélas et tant mieux, je suis toujours exaucée, je me rappelle donc que je peux percevoir de deux façons opposées une même situation, c'est l'histoire du verre à moitié vide ou à moitié plein. Toute situation apporte son lot de confort ou de réconfort, mais aussi d'inconfort, d'apprentissage. Surtout, je perçois encore une fois que mes pensées sont créatrices ; en effet, j'ai accordé ma foi aux paroles de cette femme : « Un amant, puis un mari », et l'amant m'a été accordé, focalisée que j'étais sur cette première croyance-étape. Une fois de plus, la preuve est là : j'obtiens ce sur quoi je me concentre, pour le meilleur et pour le pire. Alors, plus que jamais, je décide de prêter attention au sens profond de mes pensées, de mes choix et de mes actes qui se doivent d'être clairs et intransigeants. Sans concession, sans compromis, avec une foi inébranlable dans ce à quoi j'aspire de tout mon cœur. Je suis absolument légitime dans mon désir d'amour profond et paisible. Je suis légitime, j'aime et je suis aimée, je suis en sécurité, un point c'est tout.

Automne 2021

Plus que de la nostalgie et de la tristesse, c'est une mélancolie profonde qui m'envahit de nouveau en cet automne 2021, après cette « expérience amoureuse ». Je visite une nouvelle fois les chapitres de ma vie, j'entrevois le fil rouge de l'amour enchevêtré avec celui de ma carrière, et en filigrane, je reconsidère la valeur que je m'accorde, l'estime de moi-même.

Encore un tour ?

Encore un tour de manège, mademoiselle ? Cette fois, vous décrocherez peut-être le pompon !

Me vient l'envie de changer de véhicule sur ce manège : et si j'échangeais la moto contre la montgolfière, je m'élèverai peut-être… sûrement… plus facilement et plus délicatement, pour me rapprocher et décrocher ce fameux pompon. Oui, c'est le pompon, tout de même, que ce sentiment d'avoir tourné dans ma vie, depuis plus de dix ans, comme un poisson dans son bocal, comme sur ce manège, avec l'illusion que ma moto avance quand c'est le plateau du manège qui l'entraîne, et moi avec. Si la vie se déroule ainsi, et si je ne peux maîtriser ces nombreux, infinis, paramètres et phénomènes du passage du temps, j'ai néanmoins mon libre arbitre sur ce manège de la vie qui tourne. Je peux me laisser porter sur l'un de ces strapontins : la moto pour défier les lois de la vitesse et de la liberté, le camion de pompiers au cas où, les chevaux, bien sûr, pour galoper plus vite et plus librement, cheveux au vent, le voilier tranquille pour voguer, le renard rusé à qui on ne la fait pas, le lapin coquin, la montgolfière pour être plus légère et m'envoler dans les airs, oublier un peu la lourdeur de la terre.

Je peux vibrer au son rugissant de ma moto, frémir à la sirène du camion de pompiers, me laisser bercer par le chant des mouettes, sourire au clin d'œil de mon lapin coquin, ou bien m'endormir et laisser passer le temps pour me réveiller un peu plus tard. Je peux aussi choisir et agir : par exemple, troquer ma moto pour le camion de pompiers afin d'être sauvée et rassurée après la sortie de route de la moto virtuelle qui m'a permis d'aller très vite, très jeune, vers le succès. Sortie de route sous forme de maladie, entourée de pompiers-médecins pour éteindre l'incendie-maladie dans ma vie, dans mon corps, m'arroser de médicaments pour éteindre le feu qui me gagnait à l'intérieur, et laisser place à des cendres, puis renaître de mes cendres comme le phénix. Car le phénix en moi a repris vie, il vit de mieux en mieux de ses propres ailes, il s'envole vers les cieux lumineux de la santé et de la joie de vivre. Alors, fière du chemin parcouru ces deux dernières années pour m'alléger, apaiser mon passé et cheminer vers le bien-être et l'harmonie du juste milieu je choisis un nouveau véhicule qui semble mieux me correspondre, la montgolfière.

Mais la montgolfière, aussi légère soit-elle dans les airs, revient toujours à terre. Elle oscille, sur le manège comme dans les airs, entre le bas et le haut, entre ciel et terre. Emportée par elle, j'oscille entre les bas et les hauts de mes humeurs. Et je comprends que j'ai rêvé de rester en haut comme si le ciel était le Graal, non seulement à atteindre, mais à conserver comme un acquis, comme si l'élévation de mon âme – ressentie comme une liberté, un affranchissement de la matière lors de mes marches, de mes méditations et de mes heures de natation – était une fin en soi. Aujourd'hui, je comprends que ces moments de grâce sont de l'ordre de l'initiation, qu'ils me permettent de ressentir cette paix profonde qui existe en toute chose, en tout être, à tout moment, dans les sphères célestes mais aussi dans notre monde bien terrestre, et qu'il m'appartient de conserver en moi ces qualités de présence, de conscience, de paix, de lumière dans chacun de mes actes ici-bas.

Finalement, quel que soit mon véhicule, il m'est possible de décrocher le pompon. Il me suffit de me mettre debout sur ma moto, de monter à l'échelle des pompiers ou de me hisser en haut du mât de mon voilier, de faire un bond avec mon lapin coquin, ou encore de m'élever gracieusement avec ma montgolfière. Libre à moi de décrocher le pompon et de la manière qui me semble la plus adaptée. Ou bien ne pas décrocher ce pompon ? Renoncer ? Ne pas être la première ? La première de quoi, au fait ? Qu'y a-t-il derrière ce pompon ? Quelle est la promesse ? J'ai un doute. Moi, sur ma moto lancée à toute allure vers le succès, dans ma seizième année, je voyais le pompon comme un trophée, le César… Moi, sur mon camion de pompiers, le pompon qui s'agitait était celui de ma santé à recouvrer. Et moi dans ma montgolfière, suis-je toujours aussi fière, aspirant à être la première ? La question revient : la première de quoi ?

Le pompon, le Graal, à mes yeux aujourd'hui, c'est la confiance en la vie, la sérénité, mon bien-être physique et psychique, l'harmonie entre mon corps et mon esprit, une paix profonde. Et je n'ai pas nommé l'essentiel : aimer et être aimée pour qui je suis, en ce que je suis, avec ma force et ma vulnérabilité. Si les doutes m'assaillent régulièrement sur ma vie professionnelle, ils sont quasi omniprésents en ce qui concerne ma vie sentimentale : je tourne sur le manège de la vie avec l'espoir de décrocher le pompon de l'amour, du Grand Amour. J'ai déployé beaucoup d'énergie, de stratégie pour être aimée, je suis allée, à la force de mon corps, chercher ce pompon qui ne venait pas naturellement à moi, j'ai toujours cru qu'il me fallait faire des efforts pour avoir droit à ce Grand Amour. Tous ces efforts m'ont fatiguée, désillusionnée, je me suis reposée dans le camion de pompiers du manège, et puis réveillée, vraiment vivante de nouveau, m'émerveillant de la beauté de la vie dans la nature, où tout se déroule sans effort – la fleur éclôt sans que personne ne tire sur ses pétales. Une nouvelle impression m'effleure puis m'envahit comme un immense espoir, plus qu'un espoir, une réalité nouvelle que je n'avais pas perçue auparavant : le pompon du manège, lui aussi, est animé de mouvements sur ce grand manège de la vie, il monte et il descend, parfois il me frôle, parfois il caresse mon visage. Et si les contes de mon enfance, dans lesquels la princesse endormie ou prisonnière (d'elle-même ?) n'a qu'à attendre, avec la foi profonde qu'un jour son prince viendra, étaient une jolie métaphore pour enseigner la force de la foi en ses vœux personnels les plus chers, et l'humilité quant à la date et à la forme de leur accomplissement ?

Le manège tourne, tourne et tourne, je me laisse glisser entre les hauts et les bas de mes humeurs, en acceptant pleinement qu'elles soient le propre de l'existence humaine, et je me laisse approcher avec confiance par la douceur et la profondeur de l'amour, pour mon métier, pour mes fans, pour ma famille et mes amis, pour mon bien-aimé qui, je le sais, s'approche de moi inéluctablement. Je me laisse approcher pour être aimée, dans une paix profonde et un amour infini.

Alors, encore un tour de manège, mademoiselle ?

Pour ce nouveau tour, quel est le pompon que vous souhaitez dérocher ? Et comment rêvez-vous de le décrocher ? À la force de vos poignets, par les larmes et le sang de votre corps ? Ou par la douceur et la volupté ? Avez-vous remarqué, mademoiselle, que le manège tourne inlassablement, et donc repasse sans fin devant les mêmes décors, les mêmes scènes ? Avez-vous remarqué, mademoiselle, que vous êtes libre de choisir de vous arrêter et de vous focaliser sur une partie de ce décor ? Ou bien de déplacer votre regard vers une autre scène ?

Mon regard balaie les différentes scènes du décor, les différentes possibilités qui s'offrent à moi, à portée de main. Laquelle me permettra de décrocher ce pompon tant désiré, de remporter ce Graal de l'Amour ? Peut-être ce joli cœur, artiste de scène, qui flirte avec les nirvanas artificiels, la célébrité, l'infidélité, la jeunesse dans toute sa beauté et son irresponsabilité, pour lui-même, pour les autres, et pour moi en particulier ? Peut-être m'emmènerait-il à tout jamais dans son paradis… artificiel, à défaut de me porter dans son cœur ? Peut-être cet autre attendrissant amant, que j'ai nommé mon « regretté », qui, lui, m'a sincèrement aimée, alors que j'étais incapable d'apprécier son amour, encore étourdie par les tours de manège dans les bras d'un précédent amant qui disposait de mon corps et l'envahissait inconsciemment. Peut-être ce Don Juan que je n'attendais plus, qui vient vers moi et me demande en mariage, m'honore en tant que femme en m'offrant d'accéder à la maternité et de devenir maman ? Avec lui, le manège semble s'emballer, va de plus en plus vite, je perds mes repères, mon équilibre, ma stabilité, ma confiance en moi, je me sens manipulée, dévalorisée. Il faut que ça s'arrête, que je descende de ce manège. Oui, mais le manège tourne inlassablement. Très bien, alors je m'endors…

Et je me réveille des années après. Le manège aurait-il ralenti sa course ? Je ne sais pas. Mais ce que je vois à présent m'émerveille. J'aperçois de nouveaux décors autour de moi, des personnages bienveillants, et cette fois, j'ai envie de m'attarder sur cette nouvelle et très belle perception de la réalité. Peut-être cet homme sensible, touchant, avec qui j'aime parler, cet homme qui a su me dire des mots tendres et même des mots d'amour, à moi qui n'en avais pas reçu depuis si longtemps. Alors j'ai commencé à l'aimer à ma façon, à rêver d'une vie à deux. Mais le manège tournait-il encore trop vite pour que je n'aie pas vu toute sa fragilité du moment, noyée dans les larmes de l'alcool qui bientôt l'exaltait et l'entraînait à me tenir des propos grivois, à tous points de vue indélicats pour moi et qui heurtaient mes doux rêves ? Le manège tournait-il encore trop vite pour que je n'aie pas perçu chez moi la simple envie d'avoir envie, l'envie d'être aimée, en dépit du peu de cohérence entre l'apparence doucereuse de ce potentiel amant et la conscience vive – que j'avais pourtant commencé à nourrir – de la présence saine et rassurante de mon prince charmant ?

Oui, le manège tourne et repasse inlassablement devant les mêmes scènes rejouées à l'infini par des acteurs différents, mais ce sont toujours les mêmes thèmes. Pourquoi suis-je attirée, comme aimantée, par ce thème de l'amour maltraitant avec un amant séducteur, s'affichant comme un Don Juan, sûr de lui, pour mieux cacher son manque d'estime de lui-même ? Lui qui me laisse croire que je suis son héroïne, et qui flirte pourtant avec d'autres héroïnes, celles du monde de l'enivrement au moyen de quelques substances licites ou illicites, qui mènent à la dépendance et à la déchéance ? Pourquoi est-il plus facile de prendre soin des autres que de soi-même ? Déni de ma propre vulnérabilité, réassurée par ma capacité à faire quelque chose de bien, prendre soin, voire sauver celui qui en a besoin, nourrir cet espoir, sinon ce fantasme, de sauver l'autre pour enfin vivre quelque chose de beau, de grand, de fort ?

Et si je commençais par me sauver moi-même en quittant toutes ces relations délétères qui m'enterrent dans les tréfonds de mes peurs inconscientes et les méandres de mon manque de confiance en moi ? Et si j'osais prendre soin de moi d'abord, en acceptant profondément que je sois une belle personne, comme tout être ici-bas ? Et si j'osais profiter enfin de ce tour de manège, sourire au coin des lèvres, sourire au coin des yeux, profiter d'autres décors aux promesses enchanteresses ? Et si j'osais porter mon regard sur une tout autre scène du décor, que j'avais aperçue, mais recluse au fin fond de mon cœur, pensant qu'elle était trop belle pour moi ? Et si j'osais rester focalisée sur la scène d'à côté ? Non pas celle de l'amant, mais celle de mon mari bien-aimé et bienveillant ?

Je retiens ma respiration dans ce nouveau tour de manège, pour mieux me concentrer, regarder au bon endroit cette fois, et surtout, surtout, rester les yeux rivés à ce nouveau décor, porteur d'un scénario tout nouveau, si beau. Je dois faire un effort pour rester connectée à ce nouveau décor. C'est à la fois très simple et pas facile du tout, un peu comme pour un ancien alcoolique qui sait que la solution est très simple, à savoir ne pas boire, et pas facile du tout, à savoir l'abstinence, surtout au début. Mais j'ai surmonté bien d'autres épreuves. Je sais que je peux le faire si je le veux vraiment. Je l'ai déjà vécu à maintes reprises lorsque j'ai remplacé mes habitudes de vie peu vertueuses par d'autres, plus harmonieuses, comme une alimentation plus saine, la marche, la natation, la méditation. Je dois porter mon attention sur ce nouveau décor qui s'offre à moi et nourrir ce merveilleux sentiment de bonheur, de paix, de gratitude, comme si l'objectif était déjà atteint, rester connectée à la présence de mon bien-aimé et bienveillant mari en chemin vers moi, et moi en chemin vers lui.

Sur le manège de la vie, je choisis la douceur et la beauté de ce manège d'antan, ce carrousel qui me donne des ailes. Je choisis ma monture, ce cheval de bois, élégant, docile, nourri en conscience, avec amour, portant mes émotions passées et à venir, chevauchant confortablement, aux côtés de mon époux bien-aimé, dans une paix profonde et un amour infini.

Oscillations

Et si la vie n'était qu'oscillations ? Une grande et unique oscillation que forme le couple, de la première inspiration de la naissance à l'expiration finale, lorsque l'on rend notre dernier souffle. En son sein s'inscrit une succession d'oscillations, de fréquences et d'amplitudes variées, celles des saisons, des jours et des nuits, des rires et des pleurs, des joies et des peines, des succès et des déceptions, de la santé et de la maladie, de l'activité et du repos, de la jeunesse et de la vieillesse. En somme, des hauts et des bas, ou ce que l'on ressent comme des hauts et des bas. Même dans les moments de repos et de sommeil se cachent, derrière cette apparente immobilité, des oscillations, telles celles des battements du cœur, avec son flux et son reflux sanguin, ses contractions ventriculaires.

C'est amusant de constater que l'enfant aime les oscillations : dans les mouvements de balancier de ses jouets comme dans l'un des jeux favoris de l'enfance, la balançoire. Quel bonheur, lorsque l'on est enfant, de se balancer, de ressentir ces mouvements d'ascension puis de descente, cette succession de hauts et de bas ! C'est drôle, c'est amusant, c'est enivrant, c'est même parfois grisant, cheveux au vent, de faire corps avec la balançoire et d'animer son propre corps de ces mouvements de balancier pour faire corps avec les airs, s'approcher du ciel, toujours plus haut, et puis redescendre inlassablement avec la certitude qu'après les hauts viennent les bas et qu'après les bas viennent les hauts. Une succession normale qui permet de ressentir pleinement la vie, de la vivre et d'en rire ! Juste pour le plaisir. Juste pour le jeu.

Et comme c'est étonnant de constater que l'adulte ne joue plus à la balançoire, dont le mouvement d'oscillation lui est devenu inconfortable, jusqu'à la nausée parfois. Comme c'est étonnant de constater que la plupart d'entre nous ont progressivement remplacé le plaisir du glissement de haut en bas par la linéarité de la voiture, du train, du métro ; la linéarité apparaît comme un synonyme de sécurité, on évite les creux et les bosses pour ne pas être secoué, pour s'assurer un confort tranquille, on avance en ligne droite vers le but, si possible, en une ligne droite ascensionnelle qui démontre sa capacité à aller toujours plus haut, mais surtout à ne pas redescendre ; la stabilité et l'ascension sociale, un must de nos cultures occidentales. Juste pour réussir. Juste pour être sérieux.

Je ne peux que constater que la vie, la mienne en particulier, à l'image de toutes les autres je crois, n'est qu'une oscillation sans fin. Qu'on l'accepte ou pas, c'est ainsi. Que l'on s'amuse dans la descente ou que l'on soit pris de vertige dans la sensation d'une chute qui serait sans fin, l'oscillation vit son mouvement propre, sur la balançoire ou dans la vie. Après le chagrin vient le sourire et renaît l'émerveillement des petits riens. Oscillations des saisons, oscillations de mes humeurs, je les perçois de mieux en mieux, je les accepte de mieux en mieux, j'ai de plus en plus confiance dans ce mouvement de la vie qui n'est qu'impermanence, mutation, transformation. Tout ce qui bouge est vivant alors que l'immobilité est la caractéristique de la mort clinique de notre corps.

L'enjeu est ma capacité à faire confiance, à accorder ma confiance à la vie plutôt qu'avoir peur de la chute vertigineuse ; vivre pleinement la communion avec les éléments de la nature, telle la communion avec la vie de l'enfant qui, progressivement, en vieillissant, se laisse envahir par la peur de la chute, par le manque de confiance ; la communion est alors remplacée chez l'adulte par la consommation, l'achat compulsif, l'accumulation d'objets, petits et grands, plus ou moins beaux, plus ou moins chers, valorisants et surtout rassurants, mais tout cela alourdit le mouvement, et le plombe parfois littéralement.

Alors, en conscience, je décide de m'alléger des fioritures matérielles et existentielles pour revenir à l'essentiel, au plaisir enivrant du glissement dans la descente qui annonce bientôt la remontée, à ce mouvement ascensionnel freiné par le poids de notre corps, qui devient bientôt le moteur du mouvement complémentaire vers le bas, juste pour le plaisir, pour ressentir la dynamique de la vie. Moi qui aime tant le contact de l'eau, qui ai tant de plaisir à nager, je me perçois, le temps d'un songe, comme un dauphin évoluant avec la grâce de cette belle ondulation, cette danse qui relie inlassablement et joyeusement le haut et le bas, le ciel et la terre-mer, pour signifier l'unité.

La trace de l'ondulation représente comme un fil de ligature entre le haut et le bas. Ligaturer, en latin, signifie « lier », pour unir, pour créer l'unité.

La Vie est Une, la Vie est unique, la Vie est unicité.

La Vie est une danse, une mélodie.

L'oscillation gracieuse de la nage du dauphin symbolise à merveille les hauts et les bas de la vie, qui ne sont ni bien ni mal, mais simplement une alternance et une reliance entre tous les faits, tous les éléments, dont l'oxygène de l'air et la terre-mer nourricière. L'oscillation joyeuse de la nage du dauphin, porté par les vagues qui, elles-mêmes, oscillent et avancent, me rappelle définitivement et joyeusement à l'essentiel : avancer avec grâce et joie dans la vie.

Je chante la beauté de la vie,
Ma vie est joie, paix et Lumière !

Remerciements

Merci à la Vie de m'avoir permis de rencontrer Céline, avec qui j'ai eu le plaisir de partager cette aventure.

Merci à Moi pour avoir eu le courage de vivre ces hauts et ces bas.

Merci à Noëlle et Isaure, mes éditrices bienveillantes.

Merci aux Éditions Robert Laffont pour leur confiance.

TABLE DES MATIÈRES

pca
cmb
édition pré-presse
livres numériques

44400 Rezé

CET OUVRAGE
A ÉTÉ ACHEVÉ D'IMPRIMER
SUR ROTO-PAGE
PAR L'IMPRIMERIE FLOCH
À MAYENNE EN MARS 2022

N° d'édition : 63583/01 – N° d'impression : 100188
Imprimé en France